福建省社会科学基金项目（FJ2022X014）项目成果

数字时代新融合：
数字金融赋能数智乡村建设研究

邱钰芬　著

中国矿业大学出版社
·徐州·

内 容 提 要

本书基于农村数智时代的大背景，以发展数字化生产力为核心，通过聚焦数智技术赋能乡村振兴和数字金融应用分析，重点研究了我国数智乡村的发展现状、应用场景、理论建构、实践模式、实现路径以及趋势对策。同时，针对数智乡村这一新命题创新性地提出了跨学科理论框架，尝试提出有中国特色的数智乡村发展模式，通过理论性与实践性相结合，以期为加快推进我国数智乡村发展提供建议。

本书可供相关专业研究人员阅读和参考。

图书在版编目(CIP)数据

数字时代新融合：数字金融赋能数智乡村建设研究/邱钰芬著.—徐州：中国矿业大学出版社，2024. 6.

ISBN 978 - 7 - 5646 - 6331 - 5

Ⅰ. F320.3-39

中国国家版本馆 CIP 数据核字第 2024VH1452 号

书　　名　数字时代新融合：数字金融赋能数智乡村建设研究
著　　者　邱钰芬
责任编辑　何晓明　李　敬
出版发行　中国矿业大学出版社有限责任公司
　　　　　　（江苏省徐州市解放南路　邮编 221008）
营销热线　(0516)83885370　83884103
出版服务　(0516)83995789　83884920
网　　址　http://www.cumtp.com　**E-mail**：cumtpvip@cumtp.com
印　　刷　苏州市古得堡数码印刷有限公司
开　　本　787 mm×1092 mm　1/16　**印张** 8.75　**字数** 171 千字
版次印次　2024 年 6 月第 1 版　2024 年 6 月第 1 次印刷
定　　价　38.00 元

前　言

为进一步落实2022年中央一号文件的部署，中国人民银行2022年3月30日印发了《关于做好2022年金融支持全面推进乡村振兴重点工作的意见》，强调了深化金融改革在全面推进乡村振兴中的支撑作用，提出金融支持乡村产业振兴是强化乡村振兴金融服务的关键。同期，中央网信办、农业农村部、国家发展改革委、工业和信息化部、科技部、住房城乡建设部、商务部、市场监管总局、广电总局、国家乡村振兴局印发《数字乡村发展行动计划（2022—2025年）》。

“数智乡村”是“数字乡村”的升级版本，数智乡村建设作为数智技术应用和乡村建设发展的重要“结合点”，既是乡村振兴的战略方向，也是对我国乡村振兴和数字中国两大时代战略的积极响应。数智乡村的概念提出较晚，2021年12月，中国社会科学院财经战略研究院、农业农村部信息中心与京东科技联合发布《数智乡村白皮书（2021）》，首次深度阐述了数智乡村的概念。数智乡村中的“数智”两个字包含了数字化、网络化、智能化，目前大多数学者认同数智乡村发展水平将成为农业农村经济社会发展的最重要标志，但已有的研究基本都是从技术构建的角度研究数智乡村的建设模式，较少从数字金融创新的角度探讨数智化乡村的建设推动方案。

数智乡村发展水平将成为农业农村经济社会发展的最重要标志,数字金融的创新与乡村产业振兴的科技融合能够真正促进乡村各环节降本增效。从研究内容来看,本研究基于数字乡村建设地区不平衡、农村信息服务体系不完善的背景,以数字金融创新的视角,通过数字金融评价乡村金融的作用效能,探讨推动乡村产业数智化的路径,为乡村振兴提供金融创新的解决方案,有利于高质量推进数字乡村建设,实现数智乡村建设与全面实施乡村振兴战略的有效衔接。基于此,笔者在查阅大量相关文献的基础上,撰写了本书。

本书共有八章。第一章主要梳理了数字金融和数智乡村的国内外研究情况、研究意义及关键问题,对数字金融、数智乡村形成基本的认识,进而了解数字金融驱动数智乡村建设的背景和条件。第二章探讨了金融科技与数字金融的关系,并提出金融科技、金融技术、AI技术的应用与金融数字化融合的重要作用,便于理解数字金融驱动社会变革和乡村振兴的科技优势。第三章重点梳理了数字普惠金融的演变历程和传统农村普惠金融的数智化创新渠道,通过国外普惠金融模式对我国数智乡村建设的启示,为探索发展路径提供现实依据。第四章着重对乡村数字化转型的情况进行解析,重点分析乡村智能化的场景应用和金融科技创新应用,为后面创新路径的具体研究作了铺垫。第五章主要从乡村人口振兴的角度,讨论数智乡村建设的人才需求和对乡村人口回流产生的影响。第六章从城乡二元经济结构差异的角度,探讨农村金融数智化过程的市场约束问题,如征信系统的大数据制约、数智乡村创新的制约等,为推动数智乡村的数字金融路径讨论奠定基础。第七章和第八章通过数字金融与数智乡村的融合分析,探讨在数智化风险防范的基础上,如何通过农村数字金融的内外部环境建设,提高金融产品供给效率，进而推动数智乡村的建设。

总体而言，本书具有以下几个特征。

一是结构较为完整。本书主要围绕数字金融推动数智乡村建设的路径展开研究。首先，分析数字金融、数智乡村的理论与发展，金融科技与数字金融的关系以及经济高质量发展的理论与现状；其次，梳理数字金融与金融科技发展的相关历程，对数字普惠金融的驱动作用及机制进行探讨；最后，分别从人口、市场和环境的角度，探讨金融科技在数智乡村建设中发挥的作用，对数字金融驱动数智乡村建设的多元路径展开深入探究。总体来看，本书结构完整、内容丰富、层次清晰，具有较强的系统性。

二是研究内容具有一定的时代性。在新一轮的科技革命和产业变革的时代背景下，人工智能在各领域的运用逐步深入，推动了各领域数字化和智能化的发展进程。从金融、医疗保健到零售、制造、教育、媒体、交通运输、电信和娱乐，AI 已经成为各行业创新发展的重要路径。我国必须站在新时代的历史坐标上去开启全面建设社会主义现代化国家的新征程，以解决经济发展过程中的新问题和新挑战。本书从新时代背景出发探索数字金融推动数智乡村建设的科学路径，具有一定的时代意义和现实意义。

三是研究角度具有一定的创新性。金融发展是实现经济高质量发展的重要途径，国内外学者对普惠金融推动农村经济发展进行了大量的研究，但重点从数字金融着手探索数智乡村发展路径的研究成果较少，本书在已有研究的基础上，从数智乡村建设的场景需求出发，补充了关于数字金融创新驱动数智乡村建设路径的探讨。

总之，本书的重点是对数字金融驱动经济高质量发展的路径展开研究，在分析数字金融、金融科技以及经济高质量发展的基础理论、发展情况、相互关系的基础上,从宏观、中观和微观三个层面深入探讨了数字金融驱动经济高质量发展的科学路径。希望本书能够为拓展我国经济高质量发展的路径、更好更快地推动经济高质量发展做出贡献。

本书在撰写过程中参考并借鉴了很多专家、学者的研究成果,在此表示诚挚的感谢。同时,感谢福建省科技经济融合服务平台(福建省数字普惠金融科技经济融合服务平台)对本书的资助。

由于水平有限,书中难免有不妥与疏漏之处,敬请广大读者批评指正。

著　者
2024 年 2 月

目　录

第一章　绪论 …… 1
　第一节　国内外研究概况 …… 1
　第二节　研究的理论意义和实际意义 …… 3
　第三节　主要研究内容、研究目标及关键问题 …… 4

第二章　金融科技与数字金融 …… 7
　第一节　关于金融科技演变与金融机构关联性的理论和实证文献 …… 7
　第二节　我国金融科技的前世今生 …… 9
　第三节　我国金融科技的发展与隐忧 …… 13
　第四节　数智技术引领金融科技创新 …… 17
　第五节　金融科技助力乡村产业振兴 …… 20
　第六节　金融科技运用的短板和应用趋势 …… 21

第三章　农村金融:数字普惠金融与农民收入 …… 26
　第一节　数字普惠金融的演变历程 …… 26
　第二节　农村普惠金融的数智化创新 …… 33
　第三节　数字普惠金融对农民收入的影响 …… 38
　第四节　国外普惠金融模式对我国的启示 …… 40

第四章　数智乡村:乡村数字化转型新篇章 …… 46
　第一节　数智乡村的变革背景 …… 46
　第二节　从数字向智能的转变 …… 51
　第三节　数智乡村场景应用 …… 57
　第四节　数智乡村的金融应用 …… 62

第五章　数智乡村建设与乡村人口振兴 …… 65
第一节　农村人口流动的乡村发展困境 …… 66
第二节　数智乡村应用场景的人才需求 …… 68
第三节　数智乡村建设对乡村人口回流的虹吸作用 …… 71
第四节　乡村数智化建设对农村劳动力需求的制约和路径探索 …… 73

第六章　农村金融数智化的市场约束 …… 79
第一节　征信系统的大数据应用的制约因素和实践 …… 79
第二节　二元经济结构的影响因素 …… 86
第三节　数智乡村建设的内生动力问题 …… 91

第七章　数字金融与数智乡村建设融合分析 …… 97
第一节　农村金融创新机制的应用 …… 97
第二节　数字金融驱动数智乡村建设的成效分析 …… 104
第三节　数字金融驱动乡村振兴的国际经验 …… 107

第八章　数字金融推动数智乡村建设的创新路径 …… 111
第一节　农村数字金融生态建设 …… 111
第二节　提高农村数字金融产品的供给效率 …… 114
第三节　数字金融的市场化驱动路径探索 …… 117
第四节　数智化应用风险防范 …… 122

参考文献 …… 126

第一章　绪　　论

第一节　国内外研究概况

一、数字乡村和数智乡村的研究背景

2019 年 5 月，中共中央办公厅、国务院办公厅发布的《数字乡村发展战略纲要》简要阐释了数字乡村的概念，即"数字乡村是伴随网络化、信息化和数字化在农业农村经济社会发展中的应用，以及农民现代信息技能的提高而内生的农业农村现代化发展和转型进程，既是乡村振兴的战略方向，也是建设数字中国的重要内容"。"数字乡村"强调数字技术在乡村振兴过程中的应用，"数智乡村"概念在此基础上发展而来，是指综合利用人工智能、大数据、区块链、云计算、物联网等数智技术，建设以乡村数智操作系统为代表的乡村新型基础设施，推动乡村产业数智化、乡村治理现代化、乡村生活智慧化，全面赋能农业生产、农村治理、农民生活等方面，全面推进乡村振兴，加快农业农村现代化。有别于智慧城市的翻版，数智乡村建设的重点在于依托数智化＋智能化技术，探索乡村经济的新业态，通过乡村生产生活各场景的科技智能融合，推动乡村的创新发展。

2020 年 7 月，中央网信办、农业农村部等七部门联合印发的《关于开展国家数字乡村试点工作的通知》明确了数字乡村建设的试点范围。2022 年 2 月，《中共中央 国务院关于做好 2022 年全面推进乡村振兴重点工作的意见》提出："加快推动数字乡村标准化建设，研究制定发展评价指标体系，持续开展数字乡村试点。加强农村信息基础设施建设。" 2022 年，全国人民代表大会

和中国人民政治协商会议期间,农业农村部信息中心主任王小兵表示,数智乡村中的“数智”两个字包含了数字化、网络化、智能化,数智乡村发展水平将成为农业农村经济社会发展的最重要标志。

二、关于金融数字化的相关研究

伴随着数字经济的加速发展,我国金融行业数字化转型速度加快。在银行业方面,2022 年,超过七成的银行近三年金融科技投入占营业收入的比重超过 2%。在证券业方面,2021 年行业 IT 总投入为 303.55 亿元,同比增长 26.51%。在信托业方面,2019—2021 年行业平均科技投入增幅为 33%。国外学者对金融数字化的研究主要集中于探讨数字化转型。Dapp[1]指出,数字化变革增加了银行业压力。银行数字化生态系统提供了一个灵活的企业架构,Cuesta 等[2]指出随着消费者消费行为习惯的变化,银行业不得不进行数字化转型。银行业数字化转型需要经历明确数字化转型的战略定位、技术投入和组织变革,以及产品研发这三个阶段。Mowry[3]认为,目前银行业争先使用数字化技术改变传统的物理网点从而打造智能化网点,积极探索数字化业务。美通社指出,随着经济全球化的发展,金融业发展形势也在不断变化,数字化转型不可避免,从而催生出了很多金融科技公司从事金融业务,跨界竞争日益激烈。在建立完善的通信基础设施前提下,金融机构可以打破时空间隔,为世界上的任意客户提供同等的金融服务,打破传统金融中心的形成机制。大多数观点认同数字化转型对于银行发展至关重要,数字金融从信息化向智能化转变,整个金融生态即将面临重塑,而金融数字化的发展状况取决于银行数字化转型的成效。

三、农村金融与乡村产业的相关研究

学界对农村金融与乡村产业之间关系的研究较多,大体可归为两类。一类研究分析了传统农村金融与乡村产业的关系。国内外学者大多从农业信贷与农业保险两个方面衡量传统农村金融。部分学者[4-6]认为农业信贷有效地推动了乡村产业发展,但我国农村金融市场长期存在着需求远远大于供给[7]、农村地区信用环境建设滞后和信贷风险较大的问题[8]。孙继国等[9]在此基础上提出可通过创新农业保险产品来提高金融服务乡村产业的发展效率。另一类研究探讨了农村普惠金融与乡村产业的关系。如谢琳[10]提出普惠金融会对金融资源进行重新配置,可以缓解农村企业的融资约束。邹新阳等[11]认为,普惠金融比财政资金更能提高服务的精准度。熊正德等[12]利用 C-D 生产函数分析了普惠金融各维度对于乡村振兴的影响，发现各维度作用效果有所区别。但少有文献从金融数字化方向对乡村产业振兴的实施成效进行量化分析及效果评述。

四、数字金融与乡村产业振兴的相关研究

大多数观点认为数字金融对乡村产业振兴的正向效应显著。虽然数字金融在基本功能上与传统金融一致，但数字技术从根本上改变了传统金融的运行方式，在很大程度上提升了金融的普惠性[13]。首先，数字技术大大减缓了传统金融存在的金融排斥问题[14]，提升了乡村产业发展的金融可获得性[15]；同时，交易成本的降低促使金融机构可向农村经营主体提供低成本的金融产品和服务[16]。其次，数字化信用体系建设能够健全农村信用体系和金融机构的风险控制体系[17]，通过大数据风控可有效减缓信贷风险问题，有助于金融机构精准营销，有助于从产业经营主体的需求出发，为乡村产业提供合理的金融服务[18]。还有学者通过实证方法研究二者之间的联系。部分学者发现数字普惠金融在存在单一门槛效应的前提下，可显著地促进乡村振兴[19]。此外，也有研究表明金融数字化发展对乡村振兴具有明显的空间溢出效应，且溢出效应会率先促进相邻地区乡村的发展[20]。还有学者从农业产出的角度出发，以人均农林牧渔业总产值和人均农业产业增加值来衡量农业产出水平，研究发现数字金融对农业产出具有显著的正向促进作用[21-22]。数字金融的相关文献为乡村振兴战略的有效实施提供了理论依据，但鲜有文献从乡村产业这一角度动态分析金融数字化如何作用于乡村产业振兴。

第二节 研究的理论意义和实际意义

根据经济增长和发展经济学的一般理论，乡村振兴战略的实施需要各种生产要素的投入，其中金融资本要素是最为基础，也是最有活力的要素之一。农村金融是乡村振兴的关键所在，能够为乡村振兴提供有效的资金支持、金融产品与服务[23]。建立乡村振兴的金融支持体系，特别是数字金融创新对金融发展与经济增长关系理论、农村金融理论体系的丰富与完善意义重大。本课题在研究过程中运用经济增长理论、金融学、制度经济学、计量经济学等有关理论来研究乡村振兴的金融支持，对于丰富农村金融理论、金融创新理论、金

融风险理论、金融监管理论和构建有中国特色的农村金融理论体系都有着一定的学术价值。

本书在理论研究结合实证研究的基础上,提出构建一个支持乡村振兴的、适合我国农村经济发展实际情况的数字创新型乡村金融支持体系,为解决目前农村普惠金融存在的一些待解难题,如政府部门、部分大型科技公司、金融机构掌握的涉农信息数据未得到充分融合应用,数字化应用带来的"数字鸿沟"问题,传统农村金融机构数字金融创新不足等,提供相应的解决思路和具体举措。

第三节　主要研究内容、研究目标及关键问题

一、主要研究内容

本书基于农村数智时代的大背景,以解放和发展数字化生产力为核心,通过聚焦国内外数智技术赋能乡村振兴和数字金融应用分析,重点研究我国数智乡村的发展现状、应用场景、理论架构、实践模式、实现路径以及趋势对策。围绕数字金融的发展趋势,尤其是数字普惠金融,讨论金融科技对乡村人口迁移、乡村产业振兴及乡村生活方式的影响,从"金融服务"和"金融生态"两大板块探索提升农村金融科技服务成效的有效路径。着眼农村金融的供给和乡村振兴的需求,从三个层面进行相关研究:一是金融数字化创新对乡村振兴的作用路径分析。通过对乡村振兴战略的内涵和乡村振兴对农村金融的需求分析,分别从时间和空间两个维度实证分析农村金融数字化发展对乡村振兴的影响,评价金融产品数字化发展和服务创新对持续满足农村居民日益增长的综合性、差异化金融服务需求的效果。二是数字化创新改善农村地区金融生态环境的作用分析。研究数字创新对乡村金融作用的成效,探讨金融机构如何运用数字创新,如使用电子围栏、区块链等技术,提升农业产业和上下游企业融资可得性。重点从数字技术创新角度分析数字技术在突破传统物理网点的时空局限及降低金融机构提供普惠金融服务的风险和成本方面的作用。三是农村金融数字化改革的创新路径研究。由于农业生产周期长、风险较高,融资难、融资贵问题一直是制约"三农"发展的一大瓶颈。从数字化创新的角度,探讨如何将金融数字化创新作用于农村产权融资、农村信用体系、农村普惠金

融等方面，解决“三农”融资问题，盘活农户的“沉睡”资产。

二、研究目标

本书在数字技术驱动农村普惠金融实践的基础上，通过对金融服务数字化创新应用的分析，为乡村振兴提供创新解决方案。运用理论结合实证研究的方法，分析我国农村金融发展的区域差异，探寻数字技术推动农村普惠金融、助力乡村高质量振兴的实现路径。另外，通过分析乡村振兴过程中各农业经营主体融资难的原因，探讨如何将数字金融融入农村产权融资，构建健全的农村信用体系、有效的农村金融支持体系，为乡村振兴提供金融创新解决方案。

三、关键问题

为进一步落实 2022 年中央一号文件的部署，中国人民银行于 2022 年 3 月 30 日印发了《关于做好 2022 年金融支持全面推进乡村振兴重点工作的意见》，强调了深化金融改革在全面推进乡村振兴中的支撑作用，提出金融支持乡村产业振兴是强化乡村振兴金融服务的关键。本书从金融资源优化配置的着力点出发，重点研究以下几个关键问题：一是从数字创新的角度，提升金融资源利用效率。目前我国乡村产业发展的数字化严重滞后于金融决策的数字化。以物联网、区块链等智能化、智慧化技术调控乡村产业的全过程，全面推进乡村产业数字化，是乡村产业振兴和深化发展不可回避的选择。构建“数字化＋新型乡村经营主体”“数字化＋乡村产业振兴”机制，不仅可以大大提升乡村产业效率，而且也有利于更好地获得金融支持。乡村与城市发展的不同之处在于，乡村产业数字化、智能化的实现路径和设计理念至关重要，需要构建起一个包括激励、约束与风险共担在内的乡村产业智能化长效机制体系与信息资本共享标准体系。二是从改善农村基础金融服务的角度，提升金融机构服务乡村振兴的能力。社会化服务是小农与现代农业实现有机衔接的基本路径。农业社会化服务体系普遍存在不健全、不完善的问题，因而基于乡村产业振兴导向的金融服务创新具有显著的政府推动特征，在我国推动乡村产业振兴金融服务的政策体系较完善、政策措施多样化的背景下，进一步提升政策绩效、提升乡村产业振兴绿色金融服务绩效是提升金融机构服务乡村振兴能力的有效途径。三是从金融供给的角度，拓展乡村产业振兴渠道。乡村产业普遍没有形成产业链，产业体系不健全，产业发展粗放，产业融合层次低，存在乡村价值功能开发不充分、产业聚集效应不够等问题。金融数字化的创新机制需要在促进土地流转基础上,促进乡村产业经营规模化发展,进而推进专业化、产业化、合作化,通过“龙头企业+农户(家庭农场)”“龙头企业+合作社+农户(家庭农场)”“合作社+农户(家庭农场)、批发市场+农户(家庭农场)”等模式构造产业链、打造产业生态圈。

第二章　金融科技与数字金融

根据金融稳定理事会(FSB)的定义,金融科技基于大数据、云计算、人工智能、区块链等一系列技术创新,全面应用于支付清算、借贷融资、财富管理、零售银行、保险、交易结算等六大金融领域,是金融业未来的主流趋势。人工智能和硬件技术的革命性突破正在改变金融业态,成为金融业未来的主流趋势。近年来,随着互联网技术的快速发展,金融科技的应用场景不断拓展,金融机构与金融科技公司合作的模式也日益丰富。

第一节　关于金融科技演变与金融机构关联性的理论和实证文献

一、金融科技的应用效应

从国内外的研究文献来看,较多研究人员的研究领域集中于金融服务数字化转型对金融部门绩效的影响。Ozili[24]研究了金融科技对35个国家银行不良贷款的影响,发现金融科技在第二波浪潮中的发展对银行的不良贷款产生了负面影响。Pierri等[25]探讨了在国际金融危机期间IT创新对银行不良贷款的作用。该研究得出的结论是,在交易中使用更多IT服务的银行的不良贷款较少。Hau等[26]揭示了与常规商业银行相比,中国的金融科技信贷提供商具有竞争优势,从而对其业绩和市场份额产生了负面影响,金融科技贷款机构的成本竞争优势导致商业银行收益出现异常波动。Buchak等[27]认为,由于点对点贷款的增长,商业银行正在迅速失去银行贷款的份额,这导致追求高利率的贷款与P2P借贷相互竞争。Romanova等[28]通过研究金融科技服务对银行业的威胁和机遇,得出银行业正面临来自非银行金融机构的激烈竞争的结论。研究还显示,基于大多数银行产品的信息属性,金融科技服务提供商更容易获得银行提供的信贷,但这也阻碍了传统银行的业务发展。

金融科技的成长和发展也给传统商业银行带来了压力。例如,由于新的竞争者(特别是在简单的储蓄、信用卡和支付方面)会导致传统银行的市场份额减少,银行收入减少的同时欺诈风险却有所增加,进而破坏银行与客户的关系,增加了对金融服务技术解决方案的依赖。Cortina等[29]认为,金融科技服务的增长对金融服务的影响很小,并指出北美的客户银行收入仅损失了1%。金融科技企业以及商业银行正在推动金融业的科技进步。随着金融科技的发展,人们更容易低成本获得贷款资金,进而提升银行的总收入。该研究还显示,金融科技在促进农村社区可持续发展、应对环境变化挑战、提高农业生产力和实现普惠金融方面发挥着至关重要的作用。Navaretti等[30]推断,大型商业银行意识到金融科技时代已经到来,并开始增加金融数字服务。他们认为,由于中国跳过了现金和数字支付之间的阶段,即信用卡阶段,金融科技服务的高渗透率才会凸显其优势。Wewege等[31]认为,金融服务的创新是对银行业的补充,金融科技的创新有助于银行提供以消费者为中心的产品和负担得起的金融交易,并扩大金融部门的影响力。

二、金融科技的发展融合

从金融科技的发展和融合角度来看,大多数学者认为发展中国家的政策制定者应确保金融科技服务的增长,因为它有助于提高银行业的稳定性[32]。应采取充分措施,避免金融科技贷款人、借款人和广大公众感到担忧。此外,部分学者认为银行应当更多地使用金融科技信贷监控服务来监测和控制不良贷款。由于私营部门贷款的风险性质,银行业官员需要采取措施,将金融科技贷款纳入向私营部门借款人提供贷款。银行业官员还需要考虑金融科技贷款机构的颠覆会对传统银行产生负面影响。政策制定者需要将金融科技创新纳入借款人信誉评估中。

第二节　我国金融科技的前世今生

数字金融和金融科技相辅相成。金融科技的发展为数字金融提供了技术支持，数字金融则为金融科技的应用提供更广阔的应用市场。在金融科技的助力下，金融机构的业务服务能力和风险防控能力都得到了提升。

一、我国金融科技的发展阶段

金融科技的发展历程习惯性地被分为四个阶段。

第一阶段是金融电子化阶段，20 世纪 70—90 年代是我国金融科技的起始阶段。在引进计算机主机系统的基础上，1991 年，中国人民银行开始运用卫星通信系统建立各大银行在大中城市的票据交换系统，并同期加入环球银行金融电信协会(SWIFT)。1993—2002 年，金融电子化建设提速，各大金融机构都布局了数据大集中建设工程。

第二阶段是金融信息化阶段，这一阶段的主要特征是将信息技术(如计算机技术、通信技术)广泛应用于金融领域。2006—2010 年，各大银行开始组建独立 CA 认证中心，着力开展网络银行业务和网上银行建设。中国人民银行上线第二代支付体系，非金融机构支付牌照发放，手机支付发展，第三方支付首次获批进入基金领域。

第三阶段是互联网金融阶段。2012 年，互联网金融这一概念被正式提出。在被称为“互联网金融元年”的 2013 年，互联网金融更是得到了飞速发展，此后众筹融资平台开始逐渐发展，P2P 网络借贷交易额快速增长。2015 年 7 月，中国人民银行等十部门联合印发《关于促进互联网金融健康发展的指导意见》，明确了互联网金融的概念，并确立相关业务的红线和准则，将其纳入金融监管框架。

第四阶段是金融科技阶段。2016—2018 年，金融科技概念开始受到监管部门、行业和用户的普遍关注。2017 年，支付机构与银行的直连模式取消，互联网支付公司正式告别直连时代。在一系列严格的监管措施出台后，互联网金融平台日益规范。2018 年以后，大数据、云计算、人工智能等技术快速发展。2019 年 8 月，中国人民银行印发《金融科技(FinTech)发展规划(2019—2021 年)》，对金融科技创新赋能金融发展给予高度认可。2021 年 12 月，中国人民银行印发的《金融科技发展规划(2022—2025年)》指出:我国金融科技发展同时面临诸多挑战,发展不平衡不充分的问题不容忽视;金融科技逐步迈入高质量发展的新阶段,力争到2025年,整体水平与核心竞争力实现跨越式提升。

二、金融科技时代下的产物——“监管沙盒”

(一)“监管沙盒”的产生

2015年,英国金融行为监管局(FCA)首次提出“监管沙盒”的概念,允许企业在真实的市场环境中使用“沙盒”测试其金融产品、交易模式、运行机制等,并且可以不受相关监管规则的制约。在金融科技日新月异的今天,伴随着金融新业态的发展,出现了大量的新型风险,而“监管沙盒”模式则积极回应了如何更有效地防范金融风险。

1. 算法黑箱的挑战

黑箱理论源于控制论,指不分析系统内部结构,仅从输入端和输出端分析系统规律的理论方法。黑箱通常是一种隐喻,指的是“为人不知的、既不能打开又不能从外部直接观察其内部状态的系统”。算法黑箱指的是算法运行的某个阶段所涉及的技术复杂且部分人无法了解或得到解释。因此,算法黑箱的本质在于不透明、难解释。

算法黑箱是一个普遍存在的现象。不同类型算法的黑箱属性强度不同:规则驱动的算法通常基于人工编制的算法规则,此类算法过程较透明、可人为干预。虽然此类算法的运算过程相对简单、可解释性较强,但是通过人为操作,可以被包装成具备较强黑箱属性的算法。数据驱动的算法是目前的主流算法,算法运行过程复杂,难以人为干预,不可控性更强,天然具备很强的黑箱属性。

金融机构的贷款审批都是基于AI做出决策,如果这一复杂的算法风控系统拒绝申请,那么贷款人就没办法获得贷款。这是AI在众多日常场景应用中的一幕,只要是AI做出了决策,公众就必须接受结果,至于什么原因,算法没有也不可能给出解释。

算法应用一旦出现故障,就可能造成金融服务系统瘫痪,不法分子可通过网络监听、篡改信息等手段获取用户信息并窃取利益。因此,增强算法的透明度、破解算法黑箱问题是当前金融科技监管亟待解决的重要课题。

2. 数据安全性问题

大数据应用的前提是大数据整合,金融机构的数据来源以征信数据为主,但对于次级信用用户的评价，非征信数据却更为重要，而这类数据需要打破金融机构体系数据资料，跨系统调用及整合的难度大。另外，基于商业机密保护的角度，在法律法规允许的前提下，营利性企业往往不愿意主动公开运营数据，影响大数据分析结果的精准性和客观性。大数据存储、处理、传输、共享过程中也存在多种风险，不仅需要技术手段保护，还需相关法律法规规范和金融机构自律。多项国内外数据应用案例表明，只要达到一定的数量级标准，即使无害的数据也会产生各种隐患。安全保护对象不仅包括大数据自身，也包含通过大数据分析得出的知识和结论。另外，由于目前数据驱动的算法主要采用深度神经网络技术，算法核心部分又是通过对数据进行自动学习而自动生成，并非人工设计，因此人难以知晓具体的学习过程，对算法结果“知其然而不知其所以然”，这一过程本身容易导致数据安全性问题。

（二）国际“监管沙盒”的实践探索

英国、新加坡、澳大利亚等国家均对“监管沙盒”进行金融创新运用，各国的模式对比见表 2-1。适用“监管沙盒”的测试流程主要包括申请、测试、评估、退出等。在申请阶段，申请机构首先需要对自身资质进行检查，完善不合规的部分，完成后向监管部门提交申请材料，监管部门将对每个申请项目进行审核。通过审核的项目进入“监管沙盒”开展测试，测试项目设置了相应的消费者保护及补偿机制。若测试项目出现重大风险，可对项目强行终止，退出沙盒。另外，测试会设置一定的时长，通常为 6 个月或者 12 个月。测试结束后，监管部门根据测试结果对参测项目进行评估，测试通过的项目可向市场推广。

表 2-1　英国、新加坡、澳大利亚“监管沙盒”模式对比

项目	英国	新加坡	澳大利亚
实践进展	自 2016 年开始实施“监管沙盒”测试，至 2022 年已接受 6 批测试申请，共有 118 家企业参与	2016 年正式启动“监管沙盒”测试。2019 年推出了“快捷沙盒”的模式，2021 年又推出了“沙盒＋”计划	2016 年开始“监管沙盒”测试计划，并在 2017 年出台了相关监管法规。2017 年 12 月，将“监管沙盒”引入证券业，受到了企业和消费者的认可
测试对象	满足《2000 年金融服务与市场法案》的金融科技创新企业	金融机构以及能够为企业提供服务的非金融机构	处于创业阶段且具有创新性的金融科技企业

表2-1（续）

项目	英国	新加坡	澳大利亚
准入条件	申请的企业应当在FCA的监管范围内；测试的产品或服务有一定的创新性；测试的产品或服务应当以保护消费者利益为前提；产品或服务在进入市场前有进行“监管沙盒”测试的必要；企业做好了进入“监管沙盒”测试的准备	凡是有助于金融科技创新的初创企业都可以申请参与“监管沙盒”测试，但优先考虑具有在新加坡长期发展意向的企业	对“监管沙盒”测试采取备案制。根据豁免的相关规定，如果申请者能够满足豁免要求，可直接申请备案审查，审查通过后即可开展相关金融服务
测试流程	有申请、测试、退出3个部分。审核期限一般为6个月，审核完成后FCA会安排专门的联络员与申请者共同协商测试方案。测试周期一般为3～6个月，必要情况下可延长至1年	测试申请的审核周期一般为3周，在提交申请时，申请者需回答问题，包括项目介绍、市场前景等，并提供相应的文件说明	在测试完成之前向相关监管部门申请ACL和AFSL，取得许可即可向监管部门申请牌照授权，进而可进入市场正常运营，测试周期为1年
信息披露	测试前：向市场公布测试产品或服务信息、测试流程、测试时间等信息。 测试中：定期向FCA汇报测试进展、重大发现、风险分析等内容。 测试后：测试企业还应在规定的时间内提供1份测试报告	申请者在测试之前应当将可能存在的风险告知参与测试的消费者，如果测试提前终止或者产品自身存在缺陷，企业应当及时采取补救方案保护消费者权益	申请者应当将测试过程、潜在风险等告知参与测试的消费者，并对测试过程中可能出现的问题制定相关预案

从“监管沙盒”的国际经验来看，实施“监管沙盒”测试的主要目的是帮助企业降低产品进入市场的沉没成本，避免因相关监管限制而发展受阻[33]。测试设置了严格的准入审查制度，其目的是判断该企业是否具有进入“监管沙盒”测试的必要，并十分注重消费者权益的保护。

（三）“监管沙盒”的中国之路

2019 年 1 月，国务院批复同意北京市在依法合规的前提下探索“监管沙盒”机制。

2019 年 12 月，中国人民银行批复北京市率先在全国开展金融科技创新监管试点，探索构建符合我国国情、与国际接轨的金融科技创新监管工具（即中国版“监管沙盒”），引导持牌金融机构在依法合规、保护消费者权益的前提下，运用现代信息技术赋能金融提质增效，营造守正、安全、普惠、开放的金融科技创新发展环境。

2020 年年初，我国开始了首批金融科技监管试点工作，标志着我国迈开了金融监管范式转变的重要步伐。

2021 年 12 月 30 日，中国证监会正式启动第一批资本市场金融科技创新试点项目，经过征集遴选、专家评审、专业评估、社会公示等环节，16 个申报项目脱颖而出，开始试点工作。首批入选的 16 个项目中，申报单位包括市场核心机构、证券期货经营机构、信用评级机构以及科技企业，技术应用涉及大数据、人工智能、隐私计算、区块链等高新技术，业务场景覆盖智能投顾、智能运营、智能交易、智能风控、智能营销等资本市场各类业务领域。

要完善我国“监管沙盒”的运行制度设计，最重要的是对每个阶段进行细化。准入机制是进行测试的第一步，在金融科技背景下，希望进入测试的企业数量远超我国测试的容纳量，因而必须设置科学的准入规则，准确识别项目的创新性以及企业的整体实力。在测试过程中，监管部门应当实时监测，安排专员负责管理，构建监管部门与测试主体良好的信息互动机制。

第三节　我国金融科技的发展与隐忧

一、全国部分省市（自治区）金融科技发展水平

随着金融科技的蓬勃发展，如何衡量金融科技发展水平成为学术界和业界关注的焦点。根据吕承超等[34]的测算，2016—2021 年，中国部分省市（自治区）的金融科技发展水平可以划分为四个梯队，见表 2-2。

表 2-2　2016—2021 年中国部分省市(自治区)金融科技发展水平分布情况

梯队	省市(自治区)
第一梯队	北京、浙江、上海、广东、江苏
第二梯队	福建、安徽、山东、湖南、天津、四川、河南、辽宁、云南、重庆、湖北、河北、江西
第三梯队	吉林、山西、海南、陕西、广西、新疆
第四梯队	黑龙江、内蒙古、贵州、甘肃、青海、宁夏

从我国金融科技发展水平的梯队分布情况来看，四大区域金融科技发展水平存在明显差异，呈东部、中部、东北部和西部逐渐走低的趋势。金融科技发展较快的省市(自治区)与金融科技发展较为落后的省市(自治区)差异较大，但由于近几年各省市(自治区)纷纷聚焦金融科技的发展，积极推动金融科技的产业融合，因而各省市(自治区)金融科技发展水平均得以提升，不同省市(自治区)之间的金融科技发展水平差异呈缩小的趋势。

二、金融科技应用

现阶段金融科技的应用领域主要包括数字货币与电子钱包、区块链金融、数字普惠金融、基于人工智能的金融交易以及基于 5G 的金融服务等。

(一) 数字货币应用

数字货币是一种不受管制的、数字化的货币，通常由开发者发行和管理，被特定虚拟社区的成员所接受和使用。欧洲银行业管理局将虚拟货币定义为：价值的数字化表示，不由央行或当局发行，也不与法币挂钩，但由于被公众所接受，所以可作为支付手段，也可以电子形式转移、存储或交易。

截至 2022 年 12 月 17 日，"数字人民币"App 显示，试点范围再次扩大。一方面，由此前的深圳、苏州、雄安新区、成都分别扩大至广东、江苏、河北、四川全省范围；另一方面，新增山东济南、广西南宁和防城港、云南昆明和西双版纳作为试点地区。至此，全国共有 17 个省级行政区全域或部分城市开展数字人民币试点。

数字货币的作用主要体现在以下三个方面：

一是丰富市场流通的现金形态。数字人民币能够在货币流通、市场消费、投融资领域增加应用场景，保障法定货币的需求量。为本国居民和非本国居民提供数字人民币的应用条件，满足人们在不开设银行账户的前提下，同样能够使用人民币的需求。另外，数字人民币还能大大提升资金周转、结算的效率，实现货币支付的数字属性。

二是支持零售支付领域的公平、效率和安全。数字人民币为公众提供了一种新的通用支付方式，可提高支付工具多样性，有助于提升支付体系效率与安全。数字人民币应用电子支付技术，可在不依赖银行账户的前提下进行价值转移，并支持离线交易，具有“支付即结算”特性。

三是提升跨境支付效能。除了跨境旅游、跨境消费领域，数字人民币的应用场景还可以进一步扩展至商贸、投融资等领域。央行数字人民币平台实施清算，能缩短资金结转链条，不仅有利于提升货币在不同辖区之间的收付效率，还有望通过供应链金融等金融服务直接利好小微企业。

（二）数字普惠金融应用

数字金融与普惠金融的融合形成了数字普惠金融。2014 年 10 月，G20 普惠金融全球合作伙伴（GPFI）与国际清算银行（BIS）联合举办闭门会议，首次对数字普惠金融给出了定义，即泛指一切通过使用数字金融服务以促进普惠金融的行动，包括运用数字技术为无法获得金融服务或缺乏金融服务的群体提供一系列正规金融服务，其所提供的金融服务能够满足需求，并且是以负责任的、成本可负担的方式提供，同时对服务提供商而言是可持续的。2016 年在杭州举行的 G20 峰会上，由我国推动并参与制定的《G20 数字普惠金融高级原则》是国际社会首次在该领域推出的高级别指引性文件。

除了银行的支付、转账、身份认证、个人理财评估、客服等柜台业务的典型应用场景外，数字普惠金融服务也从基础的“线上贷款业务”逐步发展至以大数据和互联网科技为基础的、扎实的普惠授信、信用信息体系。数字化、全流程、标准化的普惠金融智能化风控管理体系，为信贷资产质量保持稳定提供了技术基础。

数字普惠金融还通过大数据、互联网和人工智能等数字技术，绕过了农村金融服务的一系列障碍，为金融机构解决了获取信息和评判风险的难题。对于农户来说，数字普惠金融起到了增加家庭信用资产、提高信贷可得性的作用。

（三）人工智能金融交易应用

人工智能通过实时最小化数百万个数据点，改变了传统的交易方式。借助人工智能在金融科技中的应用，客户可以通过人工智能决策的移动应用程序进行股票交易。金融领域的人工智能也在吸收新数据并从中学习，基于人工智能的系统可以快速适应不断变化的需求。未来，金融领域的人工智能将通过做出明智的决策来最大限度地降低交易风险。

三、我国金融科技的隐忧

目前，经过多年的金融供给侧结构性改革，新技术、数字化与金融业务、金融功能、金融要素的融合越来越深入，我国金融机构前、中、后台系统已基本实现信息化建设。但金融科技发展的优势与问题并存，主要体现在以下几个方面。

（一）数据安全风险

在虚拟经济环境中，金融科技需要大量用户的数据支持，部分个人信息、银行账户信息、企业财务信息等敏感信息未得到足够的保护，导致金融数据风险的隐蔽性、传染性大幅上升。在金融科技和企业的融合应用领域，越来越多的网络金融平台没有实体经济的支撑，信息评估技术设计不完善。在金融基础设施薄弱的地区，主要依靠“网点＋人工”的模式进行业务办理。由于无法把控业务处理场景，移动客户端安全管理成为难点。数字普惠金融采用分布式云端存储处理海量数据，存在数据要素不一致、存储格式不统一、集中存储易出现混乱的情况，对数据中心的物理安全性、多副本性要求较高。

（二）数据应用准确性风险

小微企业、初创企业和涉农人员大多属于长尾客户，长尾客户由于资产规模小，存在抵押物不合格、无担保人的情况，资信数据缺失的可能性大，致使征信数据库失灵。客户的资信状态是保障普惠金融的重要依据。我国征信体系主要以金融信用信息基础数据库为主导，各家市场化征信机构相辅，但完整的体系尚未健全。各个信息采集部门积累了大量的同质数据，数据的全面性和准确性有待提高。

（三）“数字鸿沟”风险

“数字鸿沟”主要是指在全球数字化进程中，不同国家、地区、行业、企业之间，由于信息、网络技术的拥有程度、应用程度以及创新能力的差别而造成的信息落差以及贫富进一步两极分化。因为“数字鸿沟”的存在，人们的金融需求被满足的程度将会存在较大差异。例如，偏远地区的涉农企业、小微企业或普通民众在产生资金需求时，由于金融知识缺乏，获取信息不对称，还是按照传统思维进行。融资活动信息技术的发展伴随了“数字鸿沟”问题的出现，直接关系到普惠金融中服务获得的公平性。在农村地区，由于农村互联网普及率仍然处于较低的水平，“数字鸿沟”也容易扩大金融科技应用的城乡差距，影响普惠金融实施成效。

第四节　数智技术引领金融科技创新

一、数智技术的应用价值

《数智技术驱动智能制造白皮书》认为，智能化生产制造时期，技术的革新不仅带来生产效率的提升，还将进一步提高供需之间的适配性，即通过数智技术对供给侧的改革，以满足需求侧个性化和求新求变的消费趋势，为用户带来更好的消费体验。

数智技术即是推动更低成本的信息采集设备、高带宽低延时的 5G 传输技术、万物互联的 IoT 技术、大容量存储和高性能计算的云服务，以及对海量信息高效分析的人工智能技术等与制造技术的融合应用，引领制造业完成“智”升级的战略目标。

数智技术的应用价值体现在：

第一，决策更及时。实时获取场景/业务数据的自动反馈，结合智能化分析进行动态预测，代替人工经验判断，提升决策的准确性和及时性。例如，基于设备状态实时分析的故障预测和健康管理，或基于在线用户数据的需求预测，加速产品创新和迭代周期等。

第二，运营更精细。随着产业数字化进程加速，所获取的数据颗粒度越来越细、数据维度也更加丰富，由数据驱动的企业运营、管理会更加精细。例如，基于用户画像的精准营销，或对能源使用的实时监测和控制等。

第三，应用更智能。智能化设备/应用辅助或将取代人工岗位，并在应用过程中进行算法的自我迭代和优化，不断提高决策水平。例如，基于云边计算和人工智能技术，进行低成本存储、处理海量数据资源，并通过智能化分析形成一系列决策指令，以指导价值链各环节的企业活动。

二、金融领域的数智运用

从机构划分来看，金融科技的运用主体是银行、保险机构、证券机构和信托机构[35]，金融科技的行业创新见表 2-3。

表 2-3　金融科技的行业创新一览表

行业	创新机制
银行业	金融产品、营销、风控的数智化转型,实体经济和开放银行模式实现数据、算法、交易共享
保险业	全面互联网保险业务,将信息科技外包风险纳入全面风险管理体系
证券机构	打造系统化的建设模式和解决方案,加强企业、个人客户的画像管理
信托机构	运营流程数据化管理,财富管理智能化,人群定向技术应用普及

人工智能是数智技术运用的重要出口,在金融领域的运用主要体现在以下几个方面。

（一）金融业务提效

作为最重要的服务对象之一,数智技术的应用在客户沟通、转账支付、营销筛选、征信、理赔等方面均发挥着重要的作用,在提升金融机构办公效率的同时,更好地改善客户服务。金融机构数智技术应用的数据来源如图 2-1 所示。

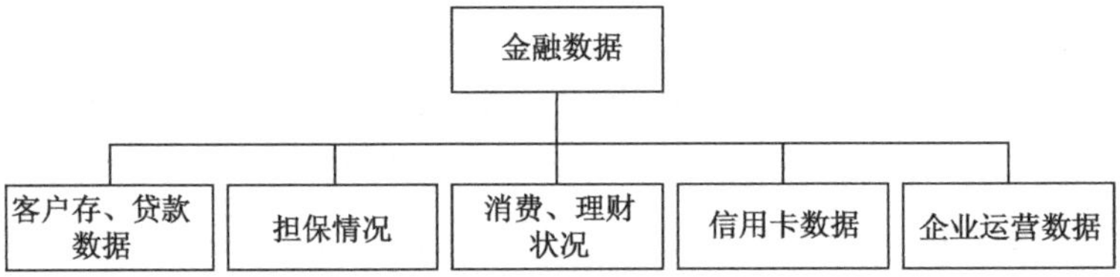

图 2-1　金融机构数智技术应用的数据来源

1. 智能客服领域

目前,各大银行均广泛采用智能客服。智能客服在回答客户疑问、替代人工客服方面的效果越来越明显,有效降低了银行的人工成本。一些银行电话销售中心利用智能客服“以假乱真”进行电话营销,效果也十分明显。信用卡中心利用智能客服替代人工客服提醒客户及时还款。

2. 智能营销领域

商业银行在智能营销领域取得了显著的成效。一是实现了模型的全生命周期管理。相关平台实现自动化建模、自动化上线、自动化部署、自动化评估和自动化更新,能够确保模型的有效性和业务成效的持续性。二是实现了精准营销活动的自动化。通过构建一系列的机器学习模型实现“针对每一位客户通过什么渠道、在什么时机、推送什么产品"的自动化策略输出、自动化过程监控和自动化效果评估，并实现给定场景下的策略自动调整，减轻了基层营销人员的手动工作量，大大提高了营销资源的利用效率。

3. 智能风控领域

智能风控，是相对传统风控而言的。传统风控主要依靠人工收集客户资料，基于评分卡模型进行风控，具有流程较差、手续烦琐、运营成本高、流程难以控制等缺点。而智能风控主要是基于大数据进行风险控制，利用多维度数据及 AI 风控模型实现智能风控的应用，帮助机构精准排查潜在风险用户。

（二）银行核心业务改进

银行等机构不仅利用人工智能从事重复性工作，而且一些核心业务领域也开始应用人工智能，如资本优化、安防监控、智能网点、压力测试、市场影响分析。

运用数智技术对银行的资本结构进行优化是银行等金融机构进行运营数智化的重要举措。使用数学方法优化资本（即实现稀缺资本的利润最大化）历来是银行追求的目标，建立在计算能力、大数据、最优化数据概念基础上的人工智能，能提高优化资本的效率、准确性与速度。衍生品保证金领域也在优化资本，如调整保证金评估机制。

在金融机构的智能安防工作中，生物特征识别是最主要的技术之一，通常结合指静脉技术、移动互联网技术、云计算以及云存储技术等。其应用主要在人像监控预警、员工违规行为监控、核心区域的安全监控三方面。

在模型风险管理和压力测试领域，往往运用回溯测试与模型验证。回溯测试是通过一系列金融设置，观察市场行为与其他趋势的变化，评估银行风险模型的表现，以降低低估风险的可能性。压力测试则是运用开发工具对资本市场业务进行建模，以限制场景分析中用于违约损失率（LGD）和违约概率模型（PDM）的变量数量。这些工具使用无监督学习方法来审查大量数据，记录与变量选择相关的偏差，提高模型的透明度。

（三）合规性与监管的应用

合规性的应用主要体现在识别客户身份和交易新规遵守。金融机构将人工智能用于解决最大的痛点之一——了解你的客户（KYC）。在 KYC 调查中，银行也可以使用风险评分来评估提高客户风险等级的概率，以决定是否调整调查决定[36]。

遵守新规则是利用NLP与其他机器学习工具将这些法规译为通用语言,分析与编纂成自动化规则,然后编入风险与报告系统,帮助企业遵守新规,降低投资经理解释与执行新规所需的成本、精力和时间。

此外,人工智能在银行业务中有效地进行反欺诈,在贷前利用各种识别技术识破身份伪装,通过神经网络实现潜在风险的挖掘,通过关联分析模型发现欺诈交易的规律和模式等,实施场景监管。

第五节 金融科技助力乡村产业振兴

金融科技的本质是金融,并没有改变金融的经济、社会、服务等功能属性,金融科技和乡村振兴的融合应用是实现数智乡村建设目标的重要阶段[37]。

一、保险公司科技赋能

以中华保险公司为例,一是加强科技赋能。实施"数字农险"工程,打造种植业"空天地一体化"新模式,首创"海洋牧场"保险,创建养殖保险保处联动"威海模式"。二是做好风险减量服务。2022年支付防灾减损费1.4亿元,首创"保险云鱼塘",构建集"智慧生产、保险保障、科技防灾"于一体的综合服务平台。三是助力农村普惠金融。与农业农村部联合推进"农业保险+信贷直通车"项目,为10个省市投保农户提供信贷支持。四是精准帮扶巩固拓展脱贫攻坚成果,促进产业发展、村庄整治和基层组织建设。利用公司卫星遥感和无人机技术,对承保区域内小麦进行全面监测,并结合农业专家和公司现场勘验,基本完成报灾区域的首轮查勘工作,制作了灾害分布图,并根据灾害程度制订了理赔方案。

二、金融基础设施优化

农村金融基础设施建设包括三个重要的方面:一是支付体系建设。目前,国内商业银行推动农村地区支付体系建设主要通过在涉农地区增设营业网点,实现现代化支付系统网点全覆盖;设立助农取款服务点,构建助农服务终端融合农村政务的农村支付服务体系,将社保、医保、不动产、行政审批、公积金、农业等政务服务项目输送至农村社区。二是信用体系建设。信用环境优化是农民获得贷款的关键,在建设农业信用信息系统的基础上,结合地方征信平台，实现农村地区的贷款精准投放。三是提升农村支付服务水平。从农村信用卡、银行卡的普及入手，进一步支持银行卡助农取款服务点与农村电商的合作共建，提升农户支付的便捷程度。

三、银行的 AI 布局

自金融科技融合农村产业发展以来，商业银行以人工智能、大数据、云计算、5G 等新技术为支撑，全面推进普惠型“三农”金融服务。如中国农业银行创新设计了“农 e 贷”“e 链快贷”，支持无担保、纯信用的线上贷款服务，可以实现“惠农融资足不出户、贷款资金分秒到账”。在智慧金融领域，运用人工智能、5G 等技术实现合同在线签署、政府直连押品在线登记、线上提款还款等无接触服务模式，在涉农地区布设具备远程操控功能的智能柜员机，大大提升农户、涉农企业、乡村产业创业人员的资金融智需求。依托 API 开放平台，实现企业与农户的供需对接，提升资金贷放的效能。政策性银行则运用各自的资源优势，因地制宜设计出了农发智粮、农发智融、农发智投等产品，大力促进科技与业务的融合，以金融科技为引擎助推乡村振兴。

四、电商企业融合推动

数据和信息的沉淀是大数据分析和价值输出的重要基础。借助庞大的用户和信息数据，电商龙头企业可以实现农村物流信息、产品销售信息和移动支付信息为中心的信息处理体系，将市场中的相关信息进行整合，为乡村市场的系统建设、平台搭建和全流程营销活动提供决策依据。例如，京东云通过“直播人才定向培养＋产业节品牌打造＋直播带货”等创新方式，帮助农户打通农业产业链，基本形成消费金融、供应链金融、信用担保、保险理财、众筹和移动支付六大板块的全产业链、全产品链的乡村金融服务品牌，已经在众多领域帮助乡村“走出去”和“引进来”。

第六节　金融科技运用的短板和应用趋势

虽然我国在金融科技应用方面取得长足的进步，但在核心技术领域还存在短板，影响了行业未来的进步空间。

一、金融科技运用的短板

(一)核心技术突破难

从人工智能的产业链图谱分析,人工智能的基础是大数据、云计算、人工智能芯片、人工智能传感器。人工智能芯片主要应用于云计算、数据中心、边缘计算、消费电子、智能制造、智能驾驶、智能金融及智能教育等领域。

人工智能芯片被称为人工智能的加速器,专门负责应用中的大量计算任务,能够实现更高能效、更低功耗的数据处理。作为人工智能算力的基础,目前人工智能芯片,特别是高端芯片的技术壁垒,是阻碍新兴数字产业、金融应用的重要因素。

从技术架构来看,人工智能芯片分为GPU、FPGA、ASIC和类脑芯片四种。GPU基本由英伟达、AMD、英特尔等企业垄断。受芯片禁运的影响,我国日益增长的人工智能芯片需求和急剧缩减的可使用数量之间的矛盾凸显。而目前国产可以替代并且能够量产的GPU芯片,技术相对落后,且受专利使用限制,自主开发难度巨大。

(二)信息供应生态链构建难

智能数据分析模型是金融科技应用,特别是人工智能技术的应用基础。虽然金融机构在运营过程中积累了大量的用户数据,但是无法满足人工智能技术领域的数据要求。除了金融机构自身搜集的资金往来、信贷信息外,大数据产业融合还需要将政府、事业单位、私人部门等拥有的相关信息通过数据库多维度的信息生态链建设实现大数据的整合、互通,才能为精准智能金融决策提供建模基础。

数据共享的难度主要体现在以下几个方面:一是我国尚无真正意义上的数据管理法规,难以满足快速增长的数据管理需求。二是出于数据安全和统计口径不同的原因,部门间、政企间的数据开放引发的后果难以预测和解决。三是数据共享的成本、补偿问题难以解决。由于数据本身的经济利益属性,数据的产权认定和价值衡量难以计算,补偿机制难以界定,易引发数据孤岛问题。

金融科技的高阶应用以数据融通为基础,而信息供应生态链构建所需的数据融通在短期内存在较大难度。

(三)监管风险

现阶段,虽然人工智能技术得到了突破性发展,但与之相应的监管机制并未随之完善,导致人工智能技术应用水平参差不齐,没有统一的标准和规范,使得用户隐私无法得到全面保护。各类金融业务均在各自领域内适用不同的法律法规和部门规章制度。

此外,监管力度不足也是人工智能技术在金融领域的应用难点。随着智能化在金融领域的进一步加深,监管难度也随之加大。现阶段的监管法规主要针对行为主体,但在智能金融领域中,以追溯行为主体的穿透原则为代表的传统监管方式面临着巨大挑战。

二、金融科技的应用趋势

(一)生成式人工智能

2023年4月11日,为促进生成式人工智能技术健康发展和规范应用,国家互联网信息办公室就《生成式人工智能服务管理办法(征求意见稿)》向社会公开征求意见。征求意见稿指出,提供生成式人工智能产品或服务应当遵守法律法规的要求,尊重社会公德、公序良俗,禁止非法获取、披露、利用个人信息和隐私、商业秘密。目前,百度、华为、腾讯、阿里、京东、360等互联网企业都开始布局生成式人工智能业务,部分企业已推出相关产品。

在金融领域,国内不少金融机构已在试水布局生成式人工智能。

人工智能技术驱动的自然语言处理工具,需要对数据库不断更新,其运行逻辑是通过大量的文本收集、数据训练回答客户问题,而金融从业者若想使用类似于ChatGPT的程序作为业务辅助工具,则需要进行连续性的外部数据输入,这会不可避免地产生金融数据隐私及安全问题,也非常有可能造成个人信息和数据的泄露。因而在使用生成式人工智能工具时,应先进行可控范围的评估,同时提升数据保护意识,加强对客户的信息保护。在制定金融科技伦理规范、数据治理规范的基础上,还应充分考虑国家金融安全保护。

(二)图计算和多模态情感计算

图计算是将数据按照图的方式建模,可以获得以往用扁平化的视角很难得到的结果。在金融行业的应用中,图计算技术最清晰的应用效果是智能信审、资金流向查询和金融数据可视化。金融行业每天都有海量的、关联的、动态时序数据产生,业务人员利用图技术可以实现毫秒级查询,可以在金融场景中实时地找到最完整的路径。图计算以及认知技术重点应用的业务领域包括金融风险的管控、客户的营销拓展、内部的审计监管、投资理财等方面。

在信贷风险防范领域,图计算和图认知技术可以被应用于梳理金融机构的个人客户之间、企业客户之间、个人客户和企业客户之间的关联关系,并且根据客户画像分析个体间的关联关系和经济行为轨迹,进行交叉关联分析,进行风险预测,为金融机构及时、有效地采取相关措施提供路径支持,进而提升风险管理的可靠性和准确率。

中国科学院自动化研究所的胡包刚对情感计算的定义是:情感计算的目的是通过赋予计算机识别、理解、表达和适应人的情感的能力来建立和谐人机环境,并使计算机具有更高的、全面的智能。在金融场景中,情感计算有助于了解客户的真实情感表达、收集客户情感信息、识别客户情感变化,帮助商业机构构建生态银行、提供个性化的金融服务、推广精准的金融产品、智能催收等,对于提升金融企业的服务质量和效率起到了重要的辅助作用。

(三)链上分布式金融应用

分布式技术是指通过去中心化的方式来构建金融基础设施、金融业务和服务。分布式金融应用的核心价值在于这套应用的可编程性。无论资产、标的、价值传递、操作流程、后续服务,都通过数字可编程的方式或者软件形式来实现,成本极低、通用性强。分布式技术可以实现金融机构核心业务在主机和开放渠道上并行运行。开放平台的数据存储和管理则采用自研分布式数据库。系统在运行中可以实现流量、客户交易等多维度的智能管控,还能实现交易全路径、全节点的实时跟踪,为客户提供场景化、生态化的金融服务。

当然,完全依赖于链上编程的理财或许存在漏洞,或许遭遇数字货币和金融危机等相关的挑战,但这些都不影响理财公司对技术方向和业务应用价值进行探索。

(四)数字虚拟技术

数字虚拟技术是基于数字影像的虚拟在线技术,能够实现超越 3D 建模的真实再现能力,以达到对环境或物体对象进行逼真再现的效果。通过后期加工制作,文件能够在 Flash 的支持下进行流畅、快速的播放。虚拟数字人无疑是当前数字虚拟技术最清晰的一个产品路径。

2022 年 1 月,《"十四五"数字经济发展规划》再次提出深化人工智能、虚拟现实等技术融合,拓展多领域应用,支持实体消费场所建设数字化消费新场景。此后,北京、江西、吉林、安徽、重庆、广州等地陆续出台相关文件落实发展数字虚拟技术,要求打造虚拟主播、虚拟客服等虚拟人形象,丰富虚拟数字人的应用场景。

在金融场景中,虚拟数字人可以实现在银行交易场景中的应用。虚拟数字人可通过语音交互的声控方式与用户互动，提供业务咨询、产品介绍、扫码取号等服务，可协助客户在自助机上办理转账、汇款等业务。此外，为迎合新时代年轻人的数字世界玩法、创造更有活力的品牌形象，可以推出数字品牌代言人、虚拟数字人直播，引领场景营销新方式。利用物联网、移动通信技术突破物理网点限制，建立人与人、人与物、物与物之间智慧互联的服务渠道，打造“无边界”的全渠道金融服务。

第三章　农村金融:数字普惠金融与农民收入

回顾数字普惠金融的演变历程,从最初的线下信贷服务到如今的线上线下融合发展,数字普惠金融已经成为我国普惠金融的重要组成部分。在这个过程中,金融科技扮演着不可或缺的角色。

第一节　数字普惠金融的演变历程

普惠金融又称“包容性金融”,是与“金融排斥”相对而言的[38]。这一概念由联合国和世界银行于2005年宣传“国际小额信贷年”时率先提出,旨在让每一个人在有金融需求时都能以合适的价格,享受到及时的、有尊严的、方便的、高质量的金融服务。具体的,普惠金融是指以可负担的成本为有金融服务需求的社会各阶层和群体提供适当、有效的金融服务。在此基础上,联合国还第一次明确了普惠金融体系的四大目标:① 家庭和企业以合理的成本获取较广泛的金融服务,包括开户、存款、支付、信贷、保险等;② 建立稳健的金融机构,要求其内控严密、接受市场监督及健全的审慎监管;③ 金融业实现可持续发展,确保长期提供金融服务;④ 增强金融服务的竞争性,为消费者提供多样化的选择。

根据《G20数字普惠金融高级原则》,数字普惠金融涵盖多类金融产品和服务,如支付、转账、储蓄、信贷、保险、证券、财务规划和银行对账单服务等,通过数字化或电子化技术进行交易,如电子货币(通过线上或者移动电话发起)、支付卡和常规银行账户。

一、数字普惠金融的作用

第一,数字普惠金融的发展有效缓解了农业金融排斥,提高了农村贷款的可及性[39],而数字普惠金融在技术的帮助下,有助于优化农村地区工业机构的调整以及农村地区新产业和新商业模式的发展,从而促进农村产业的繁荣。第二,数字普惠金融可以充分发挥金融资源的引导功能,促进普惠金融与农村环境保护和绿色健康发展的结合,从而给予绿色农业项目资金支持,促进农村生态宜居。第三,数字普惠金融可以用数字技术改变传统的信用评价体系,实现农民信息的共同建设和共享,改善农村的面貌,丰富农民的金融知识,促进农村文明建设。第四,数字普惠金融有助于构建农村治理体系,为所有参与主体提供信息共享平台,推动数字治理手段发展,促进农村有效治理。第五,与传统金融相比,数字普惠金融能够更好地满足农村居民对信贷、投资、保险的需求,提升村民的财富管理能力。同时,基于大数据算法,精准定位农民资金管理需求,为其提供个性化、定制化的金融服务,从而充分发挥金融支持对促进农民富裕生活的积极意义。

另一种观点认为,数字普惠金融的初步发展并不能促进乡村振兴。由于新技术的产生到被人们接受需要一定的过程,特别是在信息不对称的情况下,农民通常基于风险最小化的原则接受新技术。这种反应可能导致供需失调,使推广和接受更加困难。同时,数字普惠金融作为一种新兴概念,由于农民缺乏相应的基础知识,往往需要更多的时间和精力,这将对原有投入的资源产生挤出效应,在一定程度上制约乡村振兴的发展。通过构建乡村振兴"两高三度三风三治三富"评价体系,葛和平等[20]发现数字普惠金融对乡村振兴的影响呈现U形关系。具体而言,拐点前,数字普惠金融将抑制农村发展;拐点后,将显著推动乡村振兴。数字普惠金融对乡村振兴的影响具有显著的空间溢出效应。利用北京大学数字普惠金融发展指数,李继刚等[19]实证发现,数字普惠金融可以促进乡村振兴,具有单一门槛效应。特别是当数字普惠金融发展水平低于阈值时有促进效应,当发展水平高于阈值时这种促进效应更为显著。谢地等[18]发现,数字普惠金融可以促进乡村振兴,异质性检验结果表明东、中、西部地区在推广效用方面存在差异。综上所述,尽管学者普遍认为数字普惠金融长期发展可以推动乡村振兴战略,但两者之间的关系在短期内存在一定争议。

和传统金融相比,数字普惠金融强调技术融合、跨链互通和发掘金融行业的数据价值。围绕我国数字普惠金融的生态建设特性,数字普惠金融的机会与风险并存。随着金融科技的发展,金融产品的数字属性在提供便捷性的同时也引发不同群体间的"数字鸿沟"问题,特别是对老龄人口的服务效能下降问题突出。此外,人工智能的"双刃剑"作用也日益凸显,金融数据安全和监管难度增大。数字普惠金融优劣势比较见表 3-1。

表 3-1　数字普惠金融优劣势比较

创新模式	优势	劣势
电脑、手机终端操作	突破用户使用的时空界限	技术、网络风险叠加、扩散
数字技术创新和广泛应用	降低金融服务边际成本	数字鸿沟引发不平衡
线上、线下场景流程整合	打破物理网点限制	金融基础设施建设影响受益群体规模
智能定价机制	解决普惠金融服务成本和收益不对称的矛盾	数字技术应用监管难度大

二、普惠金融的国际发展阶段

表 3-2 所列为普惠金融发展的阶段及主要特征。从国际上普惠金融的发展历程看,其普惠特性在不同阶段都被赋予了典型的时代特性。随着互联网、大数据、人工智能的深入应用,普惠金融还将继续创新技术,实现金融服务跨越式变革。

表 3-2　普惠金融发展的阶段及主要特征

发展阶段	时间	主要区域	特征
雏形阶段	15 世纪至 20 世纪 60 年代	意大利	推进金融服务均等化
	18 世纪	爱尔兰	增加金融供给,提供无息小额信贷
	19 世纪至 20 世纪初	非洲、拉丁美洲	为弱势群体提供金融扶持
发育阶段	20 世纪 70 年代	亚洲、非洲、拉丁美洲	小额信贷迅速发展
	20 世纪 80 年代	全球范围	小额信贷实现盈亏平衡
加速发展阶段	20 世纪 90 年代	全球范围	商业型小额信贷模式确立
	21 世纪初	全球范围	普惠金融开始进入多样化发展阶段
创新发展阶段	21 世纪初至今	全球范围	金融与科技的融合方式不断创新,数字普惠金融发展迅速

传统金融服务多以产品为中心，产品设计好后，再寻找合适的服务对象；数字普惠金融则更加追求以客户需求为中心，通过大数据等数字化手段为客户进行精准画像，进而为客户提供适合的金融产品或服务。在新一轮技术革命和产业变革的大背景下，大数据、云计算、人工智能、互联网的进一步融合为数字技术的创新提供了重要的条件，也为普惠金融的数字化变革提供了技术支撑。

三、数字普惠金融的国内演变

（一）我国数字普惠金融的演变历程

如图 3-1 所示，从数字金融国内的演变历程来看，我国的数字普惠金融从小额信贷的业务主体发展至目前主要以中央、地方政府和各级监管机构作为推动主体，各大国有银行和股份制银行、互联网金融公司作为参与主体，为社会各阶层提供金融产品和服务。目前数字普惠金融的主体业务由第三方支付、互联网借贷拓展至互联网理财、互联网保险，主要为弱势群体、农村用户和小微企业提供金融服务。在经历过传统金融与金融科技首次融合的萌芽阶段、互联网网贷平台的不规范发展阶段后，目前数字普惠金融更加注重金融科技的产业融合效应，数字普惠金融的服务范围也在不断扩大。

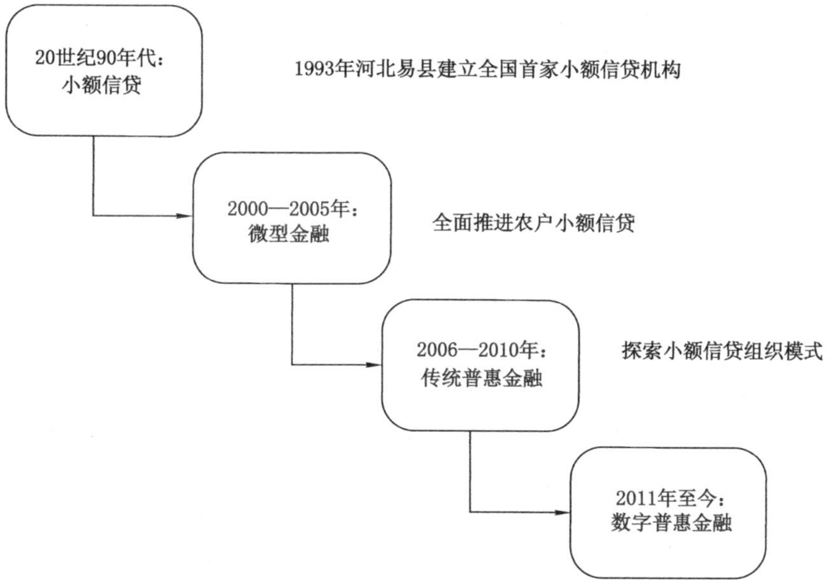

图 3-1　国内数字普惠金融的演变历程

小额信贷作为20世纪90年代普惠金融的起源和先驱，主要侧重于为某些细分市场提供有针对性的产品。作为世界第二大经济体，中国在普惠金融体系方面经历了大发展，积累了丰富的经验。随着经济的快速发展、金融业的改革和转型，金融机构为个人和企业特别是小微企业和低收入群体提供了更多的金融服务。

（二）我国数字普惠金融的发展特点

中国逐渐成为全球数字金融和金融科技的领导者之一。随着数字技术和金融服务的融合，无论是传统金融机构还是新兴的互联网金融服务提供商，都进一步挖掘了小微企业等消费者传统上未满足和被忽视的金融需求的能力。数字金融的发展降低了金融服务的门槛，以新的模式、交付渠道和产品提升了运营效率。中国数字普惠金融发展的主要特点如下。

1. 不断增长的数字支付

数字支付包括通过电子钱包进行的消费支付、金融支付、个人支付及其他支付交易，支付手段主要包括电子货币、电子支付和数字货币。数字支付通过补充物理接入和消除金融服务的地理限制，显著提高了偏远地区和农村地区普惠金融的可及性。线上和移动支付的交易数量均保持良好的增长势头。多家商业银行已构建“一体化”金融服务平台，拥有多种支付产品，如银联的“云闪付”和中国银行的“跨境 e 商通”；积极使用新的支付技术，如使用 NFC、二维码等。非银行金融机构的数字支付蓬勃发展，如支付宝、微信支付等。此外，中国农村地区的数字支付增长率明显高于城市地区的。

中国数字支付市场经过多年的创新发展，交易额持续增长。艾瑞咨询、中商产业研究院的调查数据显示，2017年中国数字支付交易规模126万亿元，2019年突破200万亿元。从数字支付细分市场来看，个人支付市场占比较大。2023年，中国数字人民币推广效果显著，数字人民币在中国越来越普及，不仅在深圳、成都、苏州、雄安等地进行了一轮又一轮的试点测试，还在常熟、扬州等城市运用数字人民币发放工作资金。

2. 加速发展的小微信贷

在延续实施普惠型小微贷款支持政策背景下，数字普惠金融在小微贷款领域的数字融合以小微信贷规模扩大为基础。中国人民银行宣布，自2022年1月1日起，实施普惠小微企业贷款延期支持工具和普惠小微企业信用贷款支持计划：一是将普惠小微企业贷款延期支持工具转换为普惠小微贷款支持工具；二是从2022年起，将普惠小微企业信用贷款支持计划并入支农支小再贷款管理。截至2023年3月，银行业普惠型小微企业贷款余额25.9万亿元，同比增长25.8%,较各项贷款增速高14.6个百分点。

在数字信贷领域,依托科技企业,小微企业可以通过信贷需求的专属App获得智能化的可移动线上普惠金融服务。通过创新金融产品和商业模式创新,数字普惠金融能够帮助小微企业拓宽融资渠道,降低信息不对称,从而提高金融服务效率,弥补了传统金融难以解决的分散、体量小、没有抵押物、"短小频急"的信贷需求。数字普惠金融还可以通过简化金融服务供给的中间环节,降低融资成本,零距离触达长尾客户,提高金融服务的可及性。

3. 金融服务数字化

金融服务涵盖融资投资、储蓄、信贷、结算、证券买卖、商业保险和金融信息咨询等多方面,金融服务数字化有利于改进金融机构经营管理,增强金融业竞争力。伴随着金融科技技术的发展和人工智能技术在金融领域应用的深入,金融业数字化将实现从量变到质变的转化,智慧金融、元宇宙金融模式或将成为推动金融服务巨大变革的重要推动力。智慧金融的应用体现在智慧金融平台、智慧金融连接、智慧金融服务及智慧金融硬件等方面。目前国内较发达的IT基础设施使设备接入物联网的可操作性更强,如智能ATM机的应用。智慧金融体系下,金融机构获得充足的信息后,经过大数据引擎统计分析和决策就能够立即做出反应,为用户提供有针对性的服务,满足用户的需求。另外,开放平台融合了各种金融机构和中介机构,能够为用户提供丰富多彩的金融服务。元宇宙金融目前在金融领域的运用,更多地集中于场景搭建,尤其是通过AI数字人、虚拟场景的沉浸式体验和数字资产的角度实现客户感知、客户连接及金融服务呈现。给客户带来更具科技感、更具沉浸感的金融服务体验的同时,在营销获客、场景建设、差异化竞争等方面迎来全新机遇。

(三)我国发展数字普惠金融的主要措施

1. 普惠金融相关举措

大力发展普惠金融,是金融业支持现代经济体系建设、增强服务实体经济能力的重要体现。我国主要围绕小微、"三农"、扶贫等领域,积极推行普惠金融的政策措施(表3-3)。

表3-3　普惠金融的重点领域和举措

普惠金融的服务对象	具体做法
小微企业、"三农"、脱贫攻坚及大众创业	指导大中型银行设立普惠金融事业部
小微企业、农户	将普惠金融服务情况纳入银行监管评价体系

表3-3(续)

普惠金融的服务对象	具体做法
保险监管支持政策	鼓励保险资金向贫困地区基础设施和民生工程倾斜
农业信贷支持	对普惠金融领域贷款达到一定标准的金融机构实施定向降准政策
新型农村和西部基础金融服务薄弱地区	加大该地区财税政策支持力度
普惠金融信用信息体系	推进全国信用信息共享平台建设

2. 数字普惠金融措施

数字技术与普惠金融结合下的数字普惠金融既增大了金融服务的覆盖范围,完善了金融服务网络,又降低了金融服务的风险和成本,提高了个体层面金融服务的可获得性。发展健康稳定的金融生态,需要做好数字普惠金融的顶层设计,强化监管,助力数字经济“在发展中规范、在规范中发展”。数字普惠金融的相关政策见表3-4。

表3-4 数字普惠金融的相关政策

相关法规、政策、指导性文件	具体内容及影响
《国务院关于印发推进普惠金融发展规划(2016—2020年)的通知》	鼓励金融机构创新产品和服务方式,发挥互联网促进普惠金融发展的有益作用
2016年杭州二十国集团(G20)峰会,我国推动并参与制定《G20数字普惠金融高级原则》	不仅对G20成员的数字普惠金融相关政策制定产生了积极影响,也带动了包括很多“一带一路”成员在内的非G20国家采取行动发展数字普惠金融
中国人民银行印发《金融科技发展规划(2022—2025年)》	要为人民群众提供更加普惠、绿色、人性化的数字金融服务
2022年中国银保监会办公厅发布《关于银行业保险业数字化转型的指导意见》	鼓励银行保险机构利用大数据,增强普惠金融、绿色金融、农村金融服务能力。金融管理部门积极落实各项决策部署,先后出台了一系列政策措施,推动数字技术在普惠金融领域创新应用
《中国人民银行金融消费者权益保护实施办法》	从监管角度,针对数据保护、信息安全等相关监管措施和处罚事项做出规定。完善金融纠纷协调机制,避免数字化转型纠纷风险以不合理形式转嫁和传导给金融消费者
2022年中央全面深化改革委员会第二十四次会议	强调有序推进数字普惠金融发展

第二节　农村普惠金融的数智化创新

《中国农村数字普惠金融发展报告2017》界定数字普惠金融是以数字信息技术、移动通信中断为基础的普惠金融方式。因此,数字普惠金融可以理解为数字技术方式下的普惠金融,其实施目的仍是通过数字技术实现金融普惠的目标。随着互联网经济的发展,数字普惠金融在助力乡村振兴、实现共同富裕过程中持续发力。农村普惠金融的数智化创新需要由技术基础、参与主体和产品设计共同发力,推动数字普惠金融的创新。

一、技术融合创新

大数据、人工智能、云计算、移动互联网等技术与金融业务深度融合,大大推动了我国金融业转型升级,助力金融更好地服务实体经济。金融领域应用的数字技术融合主要体现在以下几个层面。

(一)计算机终端技术和网络技术

作为计算机系统的输入和输出设备,计算机终端与计算机技术发展的三个阶段具有高度匹配性。由于实现了时空范围对交易的约束,所以网络终端为网上银行、网上证券等非柜台业务提供了基础,大大拓展了金融服务和金融产品的受众面。

互联网通过网络来完成有用的通信任务,应用包括电子邮件、万维网、文件传输、远程登录、新闻组、信息查询等。网络的出现使资源共享变得很简单,交流的双方可以跨越时空的障碍,随时随地传递信息。网络平台是中心控制系统和终端显示系统的信息传递桥梁,能够提供各类网络服务活动,涵盖各个领域的服务支持系统。借助互联网平台实现的金融活动包括网络金融机构、网络金融交易、网络金融市场和网络金融监管等方面。

(二)大数据技术

大数据技术是大数据的处理技术,优势在于处理巨量、复杂的信息,挖掘信息中的隐藏价值,为便捷化、深层次化的业务处理提供支持。大数据处理关键技术一般包括大数据采集、大数据预处理、大数据存储及管理、大数据分析及挖掘、大数据展现和应用(大数据检索、大数据可视化、大数据安全等）。大数据的应用特点见表 3-5。大数据技术的战略意义在于对含有意义的数据进行专业化处理，提高对数据的"加工能力"，通过"加工"实现数据的"增值"。

表 3-5　大数据的应用特点

应用类型	具体特征
数据体量	数据具有海量特性
数据类型	既包括以事务为代表的传统结构化数据，还包括以网页为代表的半结构化数据和以视频、语音信息为代表的非结构化数据
价值密度	数据中的价值密度低，有价值的数据、信息少
处理速度	大数据要求快速处理，时效性强，进行实时或准实时的处理

金融业中所涉及的客户数据、财务数据等复杂业务数据数量巨大，且数据间的关系十分冗杂，因此不仅需要合适的技术设备存储数据，而且还需要高度智能化的设备及体系进行数据分类和深度挖掘、加工、凝练、分析。数据加密技术的发明及运用的普及，确保了金融业务开展的各环节中数据集散过程的安全性，从而给客户提供一个较为规范的、能够保证其资金及信息安全的交易环境。随着大数据决策支持系统的广泛应用，金融管理决策越来越受预测性分析和大数据的影响和控制，由直觉做决定的方式将会被彻底改变。目前对大数据的分析主要集中在以下两个方面：一是基于账户交易数据对现有的顾客群体进行细分，然后对每个客户群进行量体裁衣式的"个性化行动"；二是运用大数据模拟业务实境，在大数据的环境下，新产品的需求和风险都可以得到更好的预测，借此提高投入的回报率。从应用场景看（表 3-6），大数据的应用主体主要包括银行、证券和互联网金融。

表 3-6　大数据的应用场景

应用主体	具体场景	应用内容
银行业	信贷风险评估	以往银行对企业客户的违约风险评估多基于过往的信贷数据和交易数据等静态数据，内外部数据资源整合后的大数据可提供前瞻性预测
	供应链金融	利用大数据技术，银行可以根据企业之间的投资、控股、借贷、担保及股东和法人之间的关系，形成企业之间的关系图谱，利于企业分析及风险控制

表3-6(续)

应用主体	具体场景	应用内容
证券业	股市行情预测	大数据可以有效拓宽证券企业量化投资数据维度,帮助企业更精准地了解市场行情,通过构建更多元的量化因子,完善投资模型
	股价预测	通过收集并分析社交网络如微博、朋友圈、专业论坛等渠道上的结构化和非结构化数据,形成市场主观判断因素和投资者情绪打分,从而量化股价中人为因素的变化预期
	智能投资顾问	提供线上投资顾问服务,基于客户的风险偏好、交易行为等个性化数据,依靠大数据量化模型,为客户提供低门槛、低费率的个性化财富管理方案
互联网金融行业	精准营销	通过用户多维度画像,对客户偏好进行分类筛选,从而达到精准营销的目的
	消费信贷	基于大数据的自动评分模型、自动审批系统和催收系统可降低消费信贷业务违约风险

(三)物联网技术

物联网的概念最早于 1999 年由美国麻省理工学院的 Auto-ID 实验室提出。2005 年,国际电信联盟(ITU)在对外发布的报告中将物联网定义为:物品通过包括各类传感器、激光扫描设备、无线射频识别装置、全球地理位置定位系统等在内的信息传感设备,按照约定的通信协议将传感信息传递至网络终端,从而形成具有信息分析、识别、获取等功能的网络,这种技术能够实现任何物品的智能化连接。金融行业是最早应用物联网技术的行业之一,表 3-7 所列为物联网技术在金融领域的拓展应用。

表 3-7　物联网技术在金融领域的拓展应用

应用项目	具体内容
人工智能语音辅助	运用人工智能支持的语音助手为客户提供个性化服务
生物识别消费者付款安全性	运用人脸、指纹识别等生物识别系统,增加转账、支付等业务的安全性
物联网+区块链	运用分布式数字技术,可在点对点网络和嵌入物联网的设备上安全地记录信息,本质上使交易更快、更高效,同时确保交易的永久性和防篡改性

表3-7(续)

应用项目	具体内容
实时消费者支出反馈和数据处理	运用物联网技术对消费者的日常支出、收入情况进行快速处理,及时提醒家庭循环信用债务情况,并给出消费建议
小微企业贷后动态监测	与普惠贷款客户签订贷后监控协议,采集的数据可以通过通信网络实时上传至银行贷后分析系统,分析上述数据可以掌握企业经营状况,提升贷后信用风险前置评估和违约风险防控能力

二、农村普惠金融数智化创新机制

数智技术在农村金融领域的深入运用,不仅改变了农村普惠金融的发展方式,而且在机制创新上提供了更多的可能。数字技术赋能传统农村金融、农村普惠金融主要体现为以下机制。

(一)安全机制创新

大数据、区块链、人工智能等技术精准筛选客户风险信息,不仅有效解决了传统信用模式的信用盲区问题,而且扩充了金融机构的客户存储信息数据库,为下一阶段的各部门数据串联整合提供了数据支撑。大数据通过电商平台、社交软件、公共服务平台等渠道采集信息主体的数据并整合,为金融风险防控的安全性提供了更多的技术保障。而人工智能和云计算则具备数据深度加工、挖掘和分析的能力,本质上使交易更快、更高效,同时确保交易的永久性和防篡改性。在融资风险防范方面,大数据、区块链、人工智能的技术融合可以快速准确地构建出风险定价模型和风险识别系统,减少在风控方面的人力成本投入,提升风险管控效率。通过数据库的匹配信息,金融机构进行客户需求分析管控,找到符合风险管控要求的潜在客户,并为其提供融资需求。通过分布式、不可篡改的数据共识算法,区块链技术可以在完全不信任的节点之间建立一种不需要信任的信任机制,在较好地解决个人隐私外泄等问题的同时实现互联网企业、金融机构和各类平台之间的相互信任,有利于建成数据共享长效机制。

(二)客户精准定位机制

通过数智技术赋能,普惠金融服务更好地连接各金融机构和互联网平台;通过“网状连接”,金融机构可以进行客户的精准定位。除金融系统数据外,还可以通过政务数据、行内数据和第三方数据准入规则,实现客户准入精准风险识别，利用政务数据模型测算授信预估额度，并运用白名单导入，更好地发挥信息的价值。通过有效整合分析行内数据和政务数据授权使用，对客户进行精准画像，并通过前置规则、模型筛选等手段，对客户进行预授信额度计算。数智技术还能够通过数据自动匹配，为银行、保险、证券机构提供智能化建议，将生产信息转化为量身定制的信贷产品、保险产品和证券交易产品。此外，通过打造基于场景、用户属性、消费属性、社交属性等多维度的场景金融，金融机构的盈利水平可以得到进一步的提升。

（三）普惠金融机制创新

普惠金融致力于为有金融服务需求的社会各阶层和群体提供适当、有效的金融服务，小微企业、农民、城镇低收入人群等弱势群体是其重点服务对象。普惠金融不是运用慈善和救助手段对弱势群体进行金融扶贫，而是通过合理的金融政策和机制，帮助受益群体提升造血功能，所以要坚持商业可持续原则。相较于传统的普惠金融，数字普惠金融能够在数字技术的帮扶下，为所有具备数字基础设施的地域提供低成本的金融服务，因而能够打破传统普惠金融的时空界限，为偏远、落后地区的人们提供更多平价优质的金融服务。此外，还可以结合各县域、乡村的资源禀赋，产业基础和比较特色来开发新的金融服务模式，提高农村金融服务的覆盖率、可得性和满意度，形成更强的地区覆盖度，增加对弱势群体的覆盖面。

（四）金融产品营销模式机制创新

随着移动终端设备在农村的普及，人们可以在空余的时间享受专属 App 提供的 24 小时实时在线服务，大大降低了数字普惠金融服务的边际成本。在金融服务成本上，数字技术有助于普惠金融服务的标准化和批量化，降低金融机构的运营成本，为金融营销的模式创新提供基础。“线上渠道＋全员营销”模式充分发挥了线上信贷产品的申请优势，有效解决了城市和乡村的距离带来的金融产品营销困境。数字技术对农户、农业企业申请人进行筛选，根据年龄、文化水平、行业类别等维度对客户分层分类，借助人工智能自动形成黑白名单客户。此外，通过对农村信贷申请人的数据自动采集、分析、评估和优化，金融机构可以进行金融产品的精准推送和讲解。结合大数据评定信用体系，数字化营销得以降低在农村地区的获客边际成本和营销浮动成本，也可以有效降低传统金融机构的运营成本。

第三节　数字普惠金融对农民收入的影响

随着城镇化进程的加快，城乡居民收入差距已成为各国发展到一定阶段的共性问题之一，农村居民收入作为这一问题的重要组成部分，自然会受到广泛关注。作为重要的统计指标，农村居民收入能够全面反映农村居民生活质量的变化情况，为监测农村脱贫攻坚提供合理的判断依据，帮助各级政府和宏观决策部门研究和制定相应的农村经济政策和发展战略。数字普惠金融是影响农村居民收入的重要影响因素之一。探讨数字普惠金融对农民收入是否存在正面效应，有利于从金融服务角度探寻推动乡村振兴的可行方案。

从数字普惠金融的收入影响分析来看，众多学者围绕城乡收入和农民收入的角度进行分析。在探寻城乡收入差距和数字普惠金融的关系问题上，大多数学者都运用面板数据进行多元线性回归模型验证。实证结果显示，普惠金融能够通过提高农民的收入水平、提升财务效率，抑制、减少城乡收入的差距。基于 2007—2011 年中国面板数据集，谭毅等[40]利用 GMM 估计的动态面板模型，探讨农业保险与城乡收入差距的关系，发现农业保险的发展能增加农村居民收入。Luo 等[41]通过 2017 年中国家庭金融调查数据，定义和衡量了数字金融能力，发现数字金融能力的发展有助于提高农村和欠发达地区等弱势群体的生活水平，数字金融能力对企业所有权、财务绩效等指标具有显著的正向意义。

进一步分析可知，产生上述结果可能有以下原因。首先，在农村地区推广数字普惠金融可以降低金融服务成本。通过先进的数字技术和互联网，数字普惠金融可以有效解决传统金融在农村发展中的局限性，降低金融机构在农村地区开设实体网点的成本，提高金融服务覆盖面，使金融机构更好地服务农村居民，为他们提供更优质的金融产品，有利于提高农村居民收入。其次，农村基础设施建设、地方企业规模扩张、农村产业结构转型升级需要大量资金注入，数字普惠金融可以为农村发展提供足够的金融支持，加快农村道路和水利设施建设，更好地支持地方企业发展，加快产业结构转型升级速度，促进农村经济发展，提高农村居民收入。此外，加快农村基础设施建设，降低物资运输成本，有利于吸引外商直接投资，为农村居民创造更多就业机会，提高农村居民收入。随着农村数字普惠金融的发展，居民可以享受到更加科学、人性化的金融服务。这有助于拓宽农村居民的贷款渠道,解决他们的小额信贷问题。更优惠、更安全的正规金融服务和数字信息技术,可以鼓励农村居民积极创业,扩大农村产业规模,提高产业产值,最终增加收入。因此,数字普惠金融确实可以促进农村居民收入的增加,而这种促进作用会随着数字普惠金融的提高而增大。从农村经济来源分析,数字普惠金融对农民收入的影响主要体现在以下几个方面。

一、工资收入

农民的工资收入包括农民的主业和副业收入,主业和副业收入机会的增加可以让农民提高可支配收入。通过为更多有创业想法的农民提供资金支持,数字普惠金融可以起到鼓励创业、企业增产、增加就业需求的作用。农民就业机会的增加可以提高其收入水平,从而增加其主副业收入。但也有研究表明数字普惠金融能为农民提供的就业有限,主要原因是农民应用数字化金融工具的能力有限,使用数字普惠金融的主观意愿不强。

二、营业收入

营业收入是农村居民从家庭单位生产经营活动中获得的收入,包括经营农业、林业、畜牧业、渔业、手工业、服务业等方式所获得的收入。家庭单位的收入主要由来自个体经营店面和农产品买卖的收入组成。数字普惠金融对农民的营业收入的积极影响主要体现为从金融机构特别是银行获取贷款的可能性增大。随着金融行业数字化程度的提高,农民可以更便捷地进行各种金融操作,可以更方便、更便宜地获得银行贷款,因而能扩大自主经营规模、增加现金流,增加自营销售收入。此外,数字普惠金融的普及带来了支付结算的便利,使电子商务在农村地区广泛渗透。同时,还可以使农副产品在电子平台上销售,拓宽销售渠道,进而增加农民的营业收入。

三、财产收入

农民财产收入包括来自金融产品、动产、拥有房地产的收入,如理财产品投资、物业经营、产权转让等。和农民的工资、营业收入不同,数字普惠金融对财产收入有可能产生负面影响。一是因为农村投资渠道和信贷资源匮乏,非法集资问题严重。二是因为数字技术的发展使非法组织的欺诈手段更加隐蔽和多样化,加剧了农民财产的安全性问题。三是因为网贷平台的连续性违约也使一部分农民遭受资金损失,特别是在缺乏政策监管的情况下,许多网贷机构利用电子商务、独家代理等新的经营方式作为吸引资金的幌子,传播虚假信息,虚构模糊的产品概念。四是因为农村居民的金融素养普遍较低,容易被传单、媒体、宣传会等宣传模式所吸引。当他们对募集企业和能够解读信息的专业分析师缺乏足够的了解时,很难从合法性角度区分新的盈利方式的安全性能,更容易被不法分子鼓吹的高利率、快回报等"噱头"所迷惑,导致他们在不知道投资风险的情况下,盲目跟风投资问题网贷平台,造成经济损失,导致财产收入下降。

四、转移收入

转移收入包括政府和单位对个人的转移收入,是农村居民无须支付任何互惠回报即可获得的收入,主要来自退休金、失业救济金、遣散费、住房公积金、家庭间赠予、抚养费等。数字普惠金融鼓励创业,个体户和民营企业数量增加,就业人数增加,农村家庭选择外出就业人数增加,个人保障增加,最终增加农民家庭转移收入。数字普惠金融的数字化通道,便于政府把农民低保、养老保障、医疗保障、财政奖补等惠农资金更加快捷地按时足额发放到农民手中,提高财政直达资金的政策实施效果。此外,数字普惠金融还可为社会和民间组织支农援农项目的实施建立便捷通道,增加农民的转移性收入。

第四节　国外普惠金融模式对我国的启示

从传统金融服务模式向数字金融服务(DFS)的转变在肯尼亚、乌干达、纳米比亚和加蓬等撒哈拉以南非洲地区最为明显,非洲中小农户数字普惠金融的应用如图 3-2 所示。从金融账户来看,亚洲国家的银行账户拥有率普遍高于非洲,国有银行主导的金融体系更加积极推动数字普惠金融的发展,同时电子商务平台也起到了积极的助推作用,尤其是以中国和印度尼西亚为代表。亚太经济体在数字化方面取得巨大进步,数字化在该地区普遍存在不断增长的趋势。事实上,亚太经济体以其庞大的规模而著称,互联网使用量远远超过其他地区,并支撑着广泛的电子商务和金融科技。该地区还处于数字创新的最前沿,使金融服务和支付系统更具包容性、更高效、更快捷,从而为用户提供更便宜的服务。

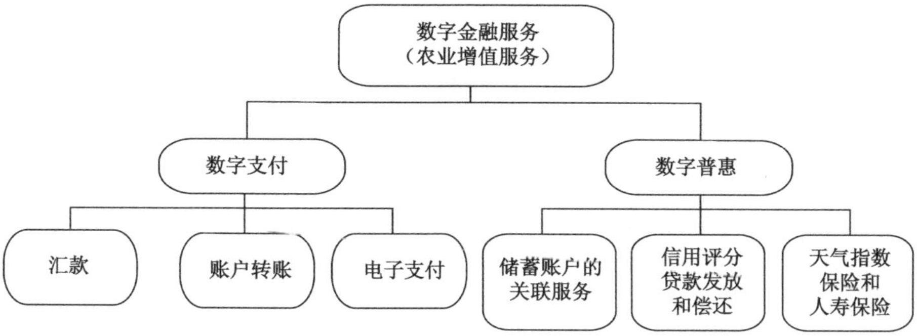

图 3-2　非洲中小农户数字普惠金融的应用图示

一、美国的数字普惠金融

波士顿咨询公司(BCG)的研究表明：从数字普惠金融的人口使用比例来看，黑人和拉丁裔家庭仅占美国人口的 32%，但他们在银行存款不足和无银行存款的人群中所占比例过高；在金融借贷需求上，往往以支票兑现机和小额短期贷款满足他们的财务需求。由于数字普惠金融不依赖传统的银行基础设施，因此可以推动美国非白人群体的数字化渠道的金融服务。

尼尔森公司的一项研究表明，黑人客户是数字普惠金融的狂热消费者，使用数字普惠金融的意愿比平均水平高 22%。

美国数字普惠金融监管主要由机构完成。非银行电子货币发行人把控规则，第三方代理进行辅助监管。第三方代理是提供低成本服务的最后环节，针对低风险账户和交易(如开立和使用电子货币账户以及与数字普惠金融机构进行场外交易)，进行适度反洗钱框架和简化的客户尽职调查；通过建立健全的消费者保护规则(如透明度、隐私、数据保护和平台可靠性)，为建立一个长期可持续的普惠金融市场提供基础。

除了上述监管推动因素外，美国数字普惠金融还注重部门、机构间的合作。数字生态系统的合作部门包括金融服务部门、中央银行、电信部门、竞争主管部门、消费者保护部门以及其他部委和监管机构。在普惠金融安全性把控上，美国也比较注重机构合作模式。如国际电信联盟(ITU)的金融普惠全球倡议(FIGI)汇集了全球 30 个国家的 60 多个机构，就数字流动性、隐私、数字身份、消费者保护、互操作性和开放系统提出了一系列政策建议和主题报告,以促进数字普惠金融的安全性。

二、国外数字普惠金融的推广渠道

发展中国家关注包容性金融体系的早期浪潮主要集中在小额信贷上,政府将小额信贷作为促进获得资金和减轻贫困的工具。小额信贷允许低收入者使用社会资本而不是抵押品来获得信贷,在低收入群体中发挥了金融服务的普惠功能。30 多年来,全球约有 1.4 亿人得到小额供资机构的服务。越来越多的国家通过数字化手段推动金融的普惠性。例如,约旦政府部门就和联合国难民署、约旦中央银行、支付服务提供商和跨国公司联合制定了一项协调一致的应对措施,用以帮助难民开设电子钱包。截至 2020 年 5 月中旬,约旦创建了超过 47 万个电子钱包,其中 70%是活跃用户。此外,许多国家还通过移动设备实现与跨国公司合作的实时跟踪转账和支付。如缅甸政府利用当地数字平台 Wave Money 和 OnePay,向农民、服装厂、街头小贩提供信贷、应急资金和银行转账服务,扩大了弱势群体获取金融服务的范围。

三、国外数字普惠金融应用的问题

(一)金融普惠性差距大

各国间普惠金融的差距仍然较大。国际货币基金组织的研究表明,各国低收入和中等收入经济体有近一半的成年人口没有银行账户,只有不到 10%的人能够从正规金融机构获得借款。中小企业和农民获得信贷的机会有限,往往只能依赖成本高昂的非正规市场融资,这导致当地的贫困家庭更容易受到贫困陷阱的影响。

在金融科技的使用方面,亚太地区也是世界上最不平衡的地区。一些国家处于领先地位,但其他国家在电子支付、移动货币和移动政府转移支付等关键领域落后。在一国国内,贫富阶层以及城市和农村地区之间也存在巨大差距。发展中国家的金融普惠差距还体现在性别、地区差异上,城市女性的普惠金融可获得性要远高于农村女性,男性通过数字信贷获取资金的规模高于女性。

(二)数字金融产品的歧视现象

尽管金融科技在算法和自动化层面很少被设计成具有歧视性的数字产品,但它们往往建立在未经证实的人为假设之上,因而容易引发差异性风险。

特别是在发展中市场,金融市场缺乏规范化的信息保护体系,很容易在数据搜集时产生信息暴露风险,如性别、宗教医疗和种族等数据泄露风险。除了歧视性算法的风险外,收入水平、受教育程度也会不同程度地影响人们保护个人隐私和风险识别的能力。一般来说,收入水平和受教育程度越低,数字化信息的自我保护能力就越弱。例如,2016 年,奥米迪亚(Omidyar)网络调查了肯尼亚和哥伦比亚的 300 多名数字信贷用户,发现尽管绝大多数受访者认为电子邮件、电话、短信、个人财务和医疗数据具有私人属性,但超过 60%的受访者还是愿意分享手机、银行账户和社交媒体活动的数据以获得贷款。

(三)数字信贷的违约问题

一方面,数字信贷在提供便利的同时,也会产生借贷风险,引发投资人、借款人和平台的损失。例如通过网贷平台,贷款申请人可以通过多次、多个平台借款,利用不同系统的信息不互通的漏洞,获得更多贷款用于体育博彩、贷款堆积和身份欺诈。另一方面,监管缺位和缺乏完善的数字信贷基础设施还导致了严重的违约和高拖欠率,在缺乏完备的信息交互条件下,这些违约行为往往因违约成本低、监管难度大而频繁出现。例如卢旺达和坦桑尼亚向低收入消费者发放的数字贷款,普遍存在高违约率和逾期付款现象。

(四)发展中国家农村数字普惠金融存在的问题

发展中国家的小农户在运用数字普惠金融时,存在的问题集中于需求和技术方面。需求方面,由于小农户对数字普惠金融的需求存在差异性,参与价值链的家庭可能需要更多种类的数字金融服务,尤其是从事农业生产的农民,数字金融的需求主要集中于运用数字工具进行货币存储,信贷需求普遍不高。在金融技术应用方面,由于农村金融基础设施薄弱,农村居民往往因为终端设备(手机、电脑)和应用能力有限,导致金融技术的可扩展性受限,因而主观上不愿意尝试新技术和金融工具。

四、数字普惠金融的潜在风险及启示

尽管数字技术的应用为实现普惠金融的长期可持续发展提供了更多机会,但当前数字普惠金融模式中仍然存在风险。数字普惠金融的潜在风险归因于其固有性质。首先,金融科技公司或互联网银行等新型金融服务提供商旨在履行与其他传统金融机构一样的金融服务基本功能,面临共同运营、流动性、资本充足率和洗钱风险。然而,新进入者的创新商业模式和风险管理系统可能会扩大和加剧这些风险。其次,数字技术的大量使用可能会吸引更多的

“高风险客户”并采用基于互联网的商业模式来威胁金融服务提供商。此外,它增加了与滥用和丢失客户信息和隐私相关的消费者保护难度。例如,病毒入侵计算机或网络会增加非法使用和个人信息盗窃的数量。此外,数字普惠金融的发展使代理商和第三方平台作为与客户的重要接口,而不是传统的服务网点。然而,这项服务的实时、互动、无国界性质加剧了可能的金融风险在公司和行业中的传播。

数字普惠金融的出现和发展对监管体系提出了新的挑战。通过数字金融的广泛扩张,阿里巴巴、腾讯等一些大型互联网公司建立了借贷、保险、财富管理等多种产品的金融服务平台,加大了对互联网混合金融业务的监管难度。与数字普惠金融相关的潜在风险可能会延伸到普惠金融本身,并影响整个金融体系的稳健性、安全性和长期福祉。为了应对这些新出现的挑战,有必要在监管演变和创新监管工具和方法方面做出持续的努力。

(一) 发挥数字普惠金融的政府主导作用

从数字普惠规则制定的国际经验来看,各国应当因地制宜地制定普惠金融的数字化应用框架和条款。据 2021 年旧金山联邦储备银行发布的报告,来自印度、秘鲁和其他新兴市场的证据表明,在为识字和数字能力有限的低收入群体提供服务时,货币金融机构、金融科技公司以及其他的金融机构需要依靠政府部门为这部分人群提供特殊的服务,如设备的提供、数字金融技术应用培训等。鉴于发达国家和发展中国家在背景和隐私保护方面的差异,发展中国家金融机构需要在政府的政策配合下,根据市场的需求情况和接纳程度建立数字普惠金融的应用机制。

(二) 注重区域协调发展

由于数字普惠金融的溢出效应,金融科技的应用可以影响周边地区的发展。若不重视金融数字化的协调发展,周边地区的竞争性扩张会抵消金融科技发展的融合作用,甚至发展成恶性循环。因此,要改变碎片化的传统模式,打破劳动力自由流动的束缚,构建以城市群建设为基础的区域整体发展格局,充分发挥发展性金融机构等资源集中的作用。通过促进区域协同发展,缩小城乡和区域收入差距。此外,金融服务可用性的增加可以在一定程度上缓解金融排斥问题。但由于互联网巨头的严重垄断,数字普惠金融产品定价仍然很高,如蚂蚁信用支付、京东白条等。当互联网金融平台产品的利率远高于银行平均利率时,低收入群体的金融普惠性就会受限,金融服务使用深度的效果也会不理想。此外,数字金融监管环境相对宽松,导致部分数字普惠金融产品隐瞒部分关键信息,给用户积蓄高风险,阻碍数字普惠金融措施真正落地。应加强对互联网垄断的监管,真正降低开发性金融机构使用门槛,使数字普惠金融既“普遍”又“有益”。

（三）增强农村用户的使用积极性

农村地区数字普惠金融的发展必须以基础设施为重点。一方面,数字技术的普及是数字普惠金融服务发展的前提。我国农村地区在互联网基础设施建设方面存在较大差距,一些偏远农村地区仍被排除在互联网世界之外。因而要以新基建为方向,大力推进数字技术基础设施建设。另一方面,农村弱势群体往往缺乏相关知识,导致无法利用发展性金融机构,甚至被排斥在外。在持续普及金融知识的同时,还要开展互联网知识普及教育活动,实现发展金融机构的软保障。除了线上技术改进,还应当建立便于面对面沟通的线下推广模式,为农村用户建立信任基础。通过“口碑”传播的方法,捆绑金融产品和农户需求,通过线下示范、当面宣讲等方式,向农村用户传达数字金融产品信息和操作方式。充分了解农民的数字生态系统需求,以数字方式连接服务农业领域的专门金融机构和行动者。

（四）制定合理的金融监管机制

随着金融服务数字化的快速发展,日益复杂的数据安全、欺诈风险和金融数据歧视加剧了消费者信息安全风险和数据使用风险。越来越多的社交平台、电子商务巨头、金融科技公司将金融服务嵌入其产品中,金融产品的提供方不仅局限于金融机构,这导致数字普惠金融服务的风险防控需要不同监管机构、公司和客户之间加强协调,保护数据隐私、数据转换和消费者权利,并改善整体的客户体验,以更好地应对金融数据的应用挑战。但在监管过程中,还应避免盲目设定严格、烦冗的监管制度来压制普惠金融创新,应从数字普惠金融创新的角度,挖掘金融机构、互联网企业自身的纠错机制,避免过度依靠监管产生过度背书的现象,造成监管当下的进退维谷。

第四章　数智乡村:乡村数字化转型新篇章

“数智化”一词最早见于2015年北京大学“知本财团”课题组提出的思索引擎课题报告,是对“数字智商”(digital intelligence quotient)的阐释,最初的定义是:数字智慧化与智慧数字化的合成。2023年中央一号文件对“三农”重点工作进行部署,进一步强化了“数实”融合促进作用。数智乡村作为数字乡村的进阶版本,是构建农村三产融合的新型模式。乡村产业数字化是“数实”融合的重要领域,也是新时代新征程全面推进乡村振兴的重要举措。

第一节　数智乡村的变革背景

一、数字经济驱动

2021年6月,国家统计局发布了《数字经济及其核心产业统计分类(2021)》,延续了“十四五”规划纲要对数字经济发展的核心要求,为我国数字经济提供了统一可比的统计标准、口径和范围。其中,对数字经济的定义为“以数据资源作为关键生产要素、以现代信息网络作为重要载体、以信息通信技术的有效使用作为效率提升和经济结构优化的重要推动力的一系列经济活动”[42]。可见,在此概念中数据资源、现代信息网络和信息通信技术是必需要素。

习近平总书记在中共中央政治局第二次集体学习时强调,要加快发展数字经济,推动实体经济和数字经济融合发展,推动互联网、大数据、人工智能同实体经济深度融合,继续做好信息化和工业化深度融合这篇大文章,推动制造业加速向数字化、网络化、智能化发展。数字经济发展已经成为中国落实国家重大战略的关键力量,对我国实施创新驱动发展战略具有重要意义。

《中华人民共和国国民经济和社会发展第十四个五年规划和2035年远景目标纲要》将"加快数字化发展,建设数字中国"单独列为一篇,指出要推进网络强国建设,加快建设数字经济、数字社会、数字政府,以数字化转型整体驱动生产方式、生活方式和治理方式变革。此外,数字经济核心产业增加值占GDP比重被列为"十四五"时期经济社会发展主要指标之一,明确比重要从2020年的7.8%提升至2025年的10%。数字经济在国民经济中的地位进一步突出。数字经济的框架及内涵说明见图4-1和表4-1。

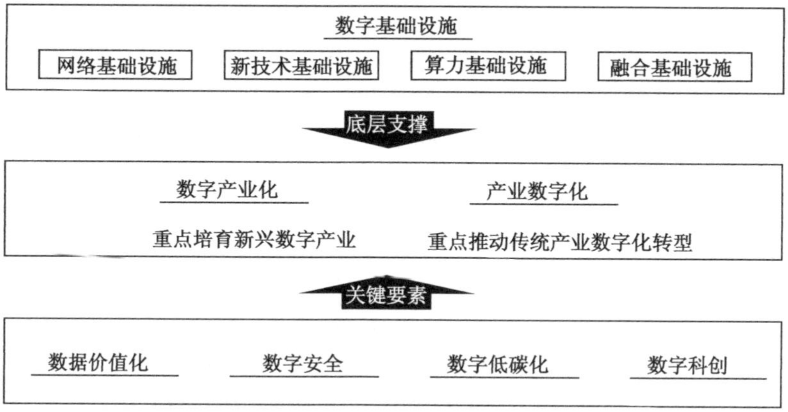

图4-1　数字经济框架

表4-1　数字经济框架内涵说明

类别	内容
数字基础设施	网络基础设施、新技术基础设施、算力基础设施、融合基础设施
数字产业化	重点培育新兴数字产业,壮大通用关键技术产业等,具体包括数字产品制造业、数字产品服务业、数字技术应用业、数字要素驱动业、数字产业布局
产业数字化	以赋能实体经济为主,推动综合治理数字化转型升级,具体包括智能制造、智慧农业、智慧交通、数字商贸、数字社会、数字政府等
数据价值化	涵盖数据要素价值释放的全流程(采集汇聚、开放共享、确权定价和交易流通)
数字安全	构建数字安全体系,包括关键信息基础设施安全、网络安全、数据安全等
数字低碳化	从两方面推动数字低碳化,即数字产业自身的低碳化和以数字技术促进各行业低碳化
数字科创	构建科技创新环境,包括核心技术创新应用、营商环境优化、产学研用融合等

二、中国数字经济发展历程

数字经济以数字技术应用为基础,第一次大规模数字化出现于20世纪80年代以后,这一阶段以计算机单机应用为主,计算机开始大规模普及。20世纪90年代中期以后,互联网的应用扩大到了大规模商用,网络化迎来了第二次数字化浪潮。根据上海社会科学院信息研究所关于中国数字经济发展回顾与展望成果,我国数字经济的发展主要经历了三个阶段,如图4-2所示。

1994年,中国正式进入互联网时代,这一阶段数字经济商业模式单一,业务集中于新闻门户、社交平台、搜索引擎。中国数字经济于2003—2012年间步入高速发展期,这一阶段用户数量激增,本土电子商务、自媒体迅速发展壮大。截至2012年年底,中国手机上网网民数量首超台式电脑网民数量,数字经济呈现多业态特征。2013年后,数字经济依托移动端设备,将大多数的传统行业进行线上转移,人们线下生活的衣食住行均实现线上连接,外卖、购物、共享出行经济都实现了线上供给。

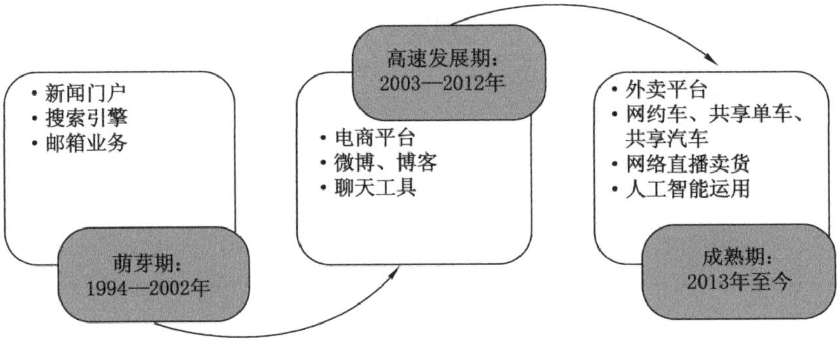

图4-2 中国数字经济发展阶段

三、数字经济政策推动

我国数字经济的发展离不开数字经济相关政策的推动,主要集中在信息化建设方面,包括对移动通信网络、空间信息基础设施、软件产业等信息化基础设施、服务和行业的构建与扶持。自2005年开始,数字经济的发展阶段性推动主要体现在表4-2所列几个政策文件。

表 4-2　数字经济发展的政策支持

时间、文件	内容
2005 年《国务院办公厅关于加快电子商务发展的若干意见》	以电子商务为代表的数字经济发展成为国家战略的重要组成部分
2015 年《国务院关于积极推进"互联网+"行动的指导意见》	各部委密集出台了鼓励数字经济发展的相关政策和指导意见
2016 年《"十三五"国家战略性新兴产业发展规划》	新增了数字创意产业
2019 年《国家数字经济创新发展试验区实施方案》	启动国家数字经济创新发展试验区创建工作
2020 年《关于构建更加完善的要素市场化配置体制机制的意见》	大力培育数字经济新业态,深入推进企业数字化转型,打造数据供应链
2022 年《"十四五"数字经济发展规划》	提出数字化创新引领发展能力大幅提升,智能化水平明显提升,数字技术与实体经济融合的远景规划

四、乡村振兴战略驱动

乡村振兴战略是习近平总书记于 2017 年 10 月 18 日在党的十九大报告中提出的战略。乡村振兴战略对于全面建设社会主义现代化国家、实现第二个百年奋斗目标具有全局性和历史性意义。在不同阶段的政策驱动下,乡村振兴战略为数智乡村建设奠定了基础,表 4-3 为乡村振兴的政策支持。

表 4-3　乡村振兴的政策支持

发文时间	发文部门	文件名	文件内容
2018-01-02	中共中央、国务院	《关于实施乡村振兴战略的意见》	首次明确"三步走"时间表、乡村振兴战略的重大意义、总体要求,确保财政投入持续增长、拓宽资金筹集渠道等
2018-09-26	中共中央、国务院	《乡村振兴战略规划(2018—2022 年)》	乡村振兴战略的详细规划

表4-3(续)

发文时间	发文部门	文件名	文件内容
2021-01-28	自然资源部、国家发展改革委、农业农村部	《关于保障和规范农村一二三产业融合发展用地的通知》	盘活农村存量建设用地，腾挪空间用于支持农村产业融合发展和乡村振兴
2021-02-21	中共中央、国务院	《关于全面推进乡村振兴加快农业农村现代化的意见》	支持地方政府发行一般债券和专项债券用于现代农业设施建设和乡村建设行动
2021-03-22	中共中央、国务院	《关于实现巩固拓展脱贫攻坚成果同乡村振兴有效衔接的意见》	做好财政投入政策衔接，做好金融服务政策衔接
2021-03-26	财政部、国家乡村振兴局、国家发展改革委、国家民委、农业农村部、国家林业和草原局	《中央财政衔接推进乡村振兴补助资金管理办法》	中央财政衔接推进乡村振兴补助资金管理
2021-04-22	农业农村部办公厅、国家乡村振兴局综合司	《社会资本投资农业农村指引》	明确了鼓励投资的重点产业和领域、因地制宜创新投融资模式、打造一批社会资本投资农业农村的合作平台等要求
2021-04-29	全国人民代表大会常务委员会	《中华人民共和国乡村振兴促进法》	乡村振兴战略首次立法
2021-05-18	中国人民银行、中央农办、农业农村部、财政部、银保监会、证监会	《关于金融支持新型农业经营主体发展的意见》	支持优质农业产业化龙头企业发行非金融企业债务融资工具，募集资金用于支持新型农业经营主体等涉农领域发展。鼓励银行业金融机构发行“三农”专项金融债券
2022-01-04	中共中央、国务院	《关于做好2022年全面推进乡村振兴重点工作的意见》	扎实有序做好乡村发展、乡村建设、乡村治理重点工作

第二节　从数字向智能的转变

一、数智化革新

2021年，“数智化时代”元年开启。数字经济是从信息经济中脱胎而来的，2017年，联合国贸易与发展会议将信息经济两年度报告改为数字经济报告，而对于下一个经济形态的讨论逐渐集中至智能经济，但是智能经济的具体形态则取决于未来的走势。数智化转型遵循着从信息化、数字化到数智化的过程。数字化阶段以数据驱动为核心，而数智化阶段则是以数据应用和创新为主，实现多技术融合，助力智能技术产业化。数智化革新主要体现在决策智能、交互智能、数据变现。

（一）决策智能

决策智能化是计算机通过挖掘数据潜力，通过智能分析帮助人们进行最优决策，主要分为三个阶段。

第一阶段，决策智能化初级发展阶段。这个阶段受限于计算机系统功能，智能决策系统在单机或小型局域网中运行时，计算机系统的任务主要反映在决策者之间的传输和交互信息上，而智能决策系统的基本模式仍然以人为主。

第二阶段，决策智能化中期发展阶段。随着广域网的互联运行得到了实现，人机交互能力和水平大大提高，大多数人的工作都被计算机系统（不包括核心决策）所取代。计算机系统已经成为人们不可或缺的工具，并有能力完成部分决策任务。智能决策系统中的人机任务分工进一步细化，合作更加频繁。人们离不开机器，机器辅助人员的程度逐渐加深。系统的基本模式是人在环境中，人机相互合作。

第三阶段，决策智能化进一步发展阶段。广域互联网的高度整合和决策智能化的快速发展，大大提高了计算机系统的决策智能和规划能力，扩大了计算机系统决策任务的完成范围，增加了人们对计算机系统的信任，从而为形成授权下的OODA环路自动运行奠定基础。在这个阶段中，决策者只需要完成核心的决策任务，并对环路决策过程进行监督或者是指导。智能决策系统不依赖于人。

(二)交互智能

清华大学交互式人工智能课题组认为,交互智能即交互式人工智能(Conversational AI,CoAI)是指通过对话、交互体现出来的智能行为。智能系统通常与用户或环境进行交互,并在交互中实现学习与建模。人机智能交互中台的共享服务能有效减少重复功能建设和维护带来的资源浪费,降低企业业务应用的建设成本。人机智能交互中台的建设可以打破企业传统项目“烟囱式”建设模式,实现业务沉淀和持续发展,减少实施运维成本。交互式人工智能主要包括但不限于以下几个方面的研究:泛问答系统,包括自动问答、阅读理解等;任务或目标型的对话系统;开放领域的闲聊系统。泛问答系统旨在从结构化(如知识库、表格)、非结构化(如文档)中寻找精确信息、回答用户提问,属于单轮次的对话系统。任务或目标型的对话系统需要通过交互实现一个特定的任务或目标,如各种智能助理、订票、订餐系统等。开放领域的闲聊系统,如微软小冰,侧重于和用户闲聊、情感交流与陪护,是社交机器人走进千家万户的重要基础和前提。作为更宽泛的人机交互的概念,交互式系统不仅仅以自然语言为载体,更是综合应用图像、语音等多媒体信息,使机器能够理解自身所处的环境,表现出符合情境的智能行为。

(三)数据变现

数据变现并不是简单地直接出售数据,而是利用决策架构、数据科学和引导分析的成熟技术,帮助各类组织提高收入或降低成本。数据具有经济特性,这让数据能够发挥特有的优势。数据在使用的过程中不但不会消耗枯竭,而且会在应用中不断生成更多的数据。与其他资产相比,信息资产的存货携带成本和运输成本相对较低,这让数据变现成为一项能带来丰厚回报的风险投资。

数据变现的方法不局限于出售或授权数据使用权。除了传统的产品或者服务之外,目前只有少量企业将数据作为单一产品出售而获取收益,已经开始有特定领域的企业通过处理市场营销数据、销售数据、共享样本数据、数据集或者 API 的访问、许可交易,开拓数据变现的渠道。作为企业未来战略的核心资产,企业可以通过搭建决策架构,对重复的流程、数据分析和数据变现开发相应策略,增加机构收入或节省成本,并以此实现数据变现。

二、数字乡村建设

2018 年 1 月 2 日,《中共中央 国务院关于实施乡村振兴战略的意见》明确提出,要实施数字乡村战略,弥合城乡数字鸿沟。《国家乡村振兴战略规划(2018—2022年)》也提出数字乡村建设的任务内容。《数字乡村发展战略纲要》《中华人民共和国国民经济和社会发展第十四个五年规划和2035年远景目标纲要》《"十四五"国家信息化规划》等文件和规划,均部署了加快推进数字乡村建设的举措,充分发挥信息化对乡村振兴的驱动引领作用。通过加快推进数字乡村建设,整体带动和提升农业农村现代化发展,促进农业全面升级、农村全面进步、农民全面发展。数字乡村的建设任务主要体现为以下几个方面。

(一)乡村信息基础设施和大数据库建设

乡村信息基础设施的建设内容包括网络基础设施、信息服务基础设施,以及传统基础设施数字化升级等。乡村网络基础设施包括电信网络和广播电视网络等。网络基础设施要延伸到行政村,具备为农村居民提供网络接入的能力,为乡村智能感知系统部署提供网络连接基础。在中共中央、国务院的决策部署下,全国5G和千兆光网等新型信息基础设施建设的覆盖和应用普及全面加速。2022年通信业统计公报数据显示,截至2022年年底,全国农村宽带用户总数达1.76亿户,全年净增1 862万户,比上年增长11.8%。通信难等问题得到历史性解决,城乡上网差距继续缩小。2022年10月,农业农村大数据公共平台基座正式上线,"平台基座"旨在构建"全要素、全链条、全时空"的农业农村大数据"一张图",实现"以图管地、以图管产、以图智农、以图决策",为国家和地方农业农村大数据平台建设提供基础支撑。数据资源可实现国家与各地、地方与地方农业农村部门数据资源的互联互通,并为实现与其他部门的涉农数据交换共享设置了接口,能够为搭建农业农村大数据资源中心及拓展各类场景应用提供基础支撑。

(二)传统农业基础设施升级

中央网信办信息化发展局、农业农村部市场与信息化司、国家发展改革委创新和高技术发展司、工业和信息化部信息技术发展司、科技部农村科技司、市场监管总局标准技术管理司、国家乡村振兴局社会帮扶司组织等有关机构和地方编写的《数字乡村建设指南1.0》指出,传统基础设施主要包括水利、气象、电力、交通、农业生产和物流等,通过引入互联网、大数据、人工智能等新一代信息技术,实现数字化、智能化改造升级,为农业生产经营和农村居民生活提供更为便利的条件。数字农业基础设施主要体现在以下几个方面:

一是农村地区智慧水利设施建设。省级水利部门应建设全要素动态感知的水利监测体系，实现涉水信息动态监测和自主感知，推进水利信息在各级农业部门间开放共享，并向社会公开，提高水利设施的管理效率和社会服务水平。

二是农村地区智慧气象设施建设。省级气象部门深入应用新一代信息技术，打造具备自我感知、判断、分析、选择、行动、创新和自适应能力的智慧气象系统，服务于农业生产和农村居民生活。

三是农村地区智能电力设施建设。电力部门应加大农村电网建设力度，推进多种可再生能源上网，利用数字化技术对电网进行监测、保护、控制和计量，实施用电量预警，实现电力灵活调配，保障农业生产、农产品加工、乡村旅游、农民消费升级的用电需求。

四是农村地区智慧交通设施建设。省级交通部门应统筹建设面向农村居民的公共出行服务平台，构建农村公路管理系统，将农村道路(含村内道路)建设管理养护纳入省市一体化路网管理体系。

五是农业生产基础设施数字化升级。省级应建设农业物联网平台，在农业生产场景中布设传感器，形成农业监控网络，并通过对各类信息采集，实现农业生产在线监测和生产过程精准管理。

六是农村物流基础设施数字化升级。搭建县、乡、村三级物流网络体系，建设县级农村物流中心、乡镇农村物流服务站和村级农村物流服务点，推进乡镇运输服务站的信息化建设和农村物流信息终端部署。开展农产品仓储保鲜冷链物流设施建设，引导生鲜电商、邮政、快递企业建设前置仓、分拨仓，配备冷藏和低温配送设备。

以农业观测网络为例，“空天地一体化”监测网络(图 4-3)能够具备“感知能力”。2018 年 7 月 10 日，由黑龙江省测绘地理信息局与北大荒通用航空有限公司联合创建的国内首个“天地空一体化”项目——数字龙江航空植保平台在黑龙江省正式发布，也标志着黑龙江农业进入智慧互联新时代。“空天地一体化”是指依托北斗导航技术，高分辨率卫星遥感技术与物联网、云计算等新一代信息技术，为空中作业的无人机群、地面的大型无人驾驶农机提供实时、动态、三维的地理信息及定位数据等农业精细化服务，打造一个资源共享、数据整合和安全监管的平台，提升农业生产作业效率及农产品质量。

京东消费及产业发展研究院发布的《2022 数字经济＋乡村振兴发展指数报告》显示，在京东消费的县域农村市场消费者呈现出以下消费趋势：数字经济助力农村“生产＋消费”正循环，当地农产品销售好的地区，线上消费增长的趋势也更强，县域农村市场“新消费”蓬勃发展。近三年，全国各区域的农村网

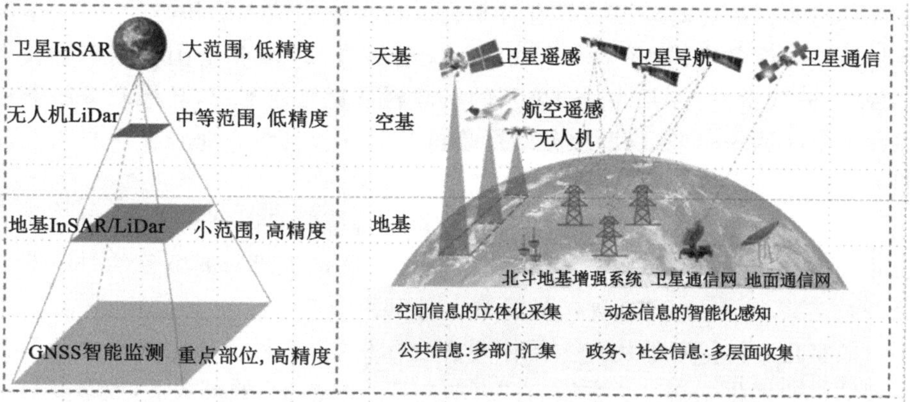

图 4-3　“空天地一体化”监测

购用户数都实现了快速增长，其中东北、华南、华北的增速最为亮眼。东北、西北的县域农村地区消费潜力释放最快，东北、西北、华中、西南、华北农村网购成交额占比提升超过 10 个百分点，线上服务、工业品在县域农村地区的成交额年均增长率都超过了 100%，反映出县域农村地区生产、生活与数字经济的紧密衔接。数字经济与实体经济的深度融合，有力地促进了县域农村地区产业的升级和降本增效，居民消费持续高质量发展。在农村消费升级、健康意识普遍提升的大背景下，县域农村市场的线上健康消费呈现出爆发性增长。农村消费者对健康日益关注，并且从基本的健康需求日益发展为美容、保健、疫苗等更多元的需求。

影响乡村消费数字化进程的主要原因集中于消费品下乡存在基础设施短板、新技术应用与城市差距较大等方面，还有在统筹规划、硬件配套、产业应用深度融合、智能服务均等协同和实用人才等方面配套不足所导致的“数字鸿沟”。实现“数商兴农”，一个重要任务是完善县域商业体系建设，营造乡村产业发展的基础环境。全国供销合作社拥有完善的城乡流通网络，各地供销系统应加快推进“数字供销”建设，打造三级物流配送体系，实现“数字供销”和“数商兴农”有效对接。

（三）数字乡村治理建设

《中共中央 国务院关于做好 2023 年全面推进乡村振兴重点工作的意见》要求，完善网格化管理、精细化服务、信息化支撑的基层治理平台。乡村治理数字化将数字技术融入乡村治理，突破时空限制，以极低的成本缩短了沟通距离,为乡村信息公开、民意表达、民生保障、防灾减灾等提供了技术支撑,为各主体参与乡村社会治理提供了有效平台。在中央和地方的积极探索下,中国乡村治理的信息化、数字化水平取得了显著提升:2020 年全国应用信息技术实现“三务”(党务、村务、财务)公开的行政村占比已逾七成,县域政务服务在线办事率高达 66.4%,电商服务站行政村覆盖率和县级农业农村信息化管理服务机构覆盖率也分别攀升至 78.9%和 78.0%。[43]

2022 年,“互联网+教育”“互联网+医疗健康”“互联网+人社”以及线上公共法律与社会救助等服务不断深化,利用信息化手段开展服务的村级综合服务站点共 48.3 万个,行政村覆盖率达到 86.0%。

数字化乡村治理的优点主要体现在合作机制、乡村治理监督形式及乡村治理结构的优化创新。一方面,在“互联网+乡村治理”的模式下,数字乡村系统有利于打破传统治理的时间、空间壁垒,实现跨时空参与的乡村治理格局,通过乡村公共数据库的建设,收集、整合、上传各方面数据资源,实现乡村与各主体的数据关联性,并获得调用数据库内其他数据的使用权限,为实现乡村治理“社会化”提供数据库基础。另一方面,数字乡村系统能够将村民更多地纳入治理体系,构建信息服务平台,传输村务信息,突破治理距离、手段、媒介等问题,激励村民参与并监督乡村公共事务。采取线上线下相结合的方式,运用协同联动平台,引导广大村民积极参与社会事务的讨论与决策。

在乡村治理监督方面,基层社会治理案例表明,基层党务、政务、村务信息公开工作做得越好,村民利益纠纷和社会矛盾就越少。数字乡村的平台数据化管理模式有利于实现信息及时公开、传播,增强乡村社会治理监督效能。乡村治理信息化的建设过程,能够完善农村基层党建信息功能模块,推动党务、村务、财务实现网上公开,畅通社情民意,也为实现村民参与基层党建提供便利,更好地达到敦促党员走近群众、为基层群众提供更好服务的目标。

在乡村治理结构方面,数字化乡村政务平台的建设不仅能提高村民参与治理的广度、深度,整合各种治理主体和治理资源,充分调动社会力量广泛参与的积极性,而且能促进乡村社会治理结构优化,增强乡村社会可持续发展动力。信息化正在转变乡村的治理形态,将数字技术运用到乡村治理的实际应用中,调动更多村民参与到乡村自治与农村建设中来,汇聚民意需求,真正地实现“民有所需、政府有所为”的治理效果。

第三节　数智乡村场景应用

数智乡村运用人工智能、大数据、区块链、云计算、物联网等数智技术，通过搭建乡村产业服务平台，在农业生产、产品营销、数智乡村康养和数智乡村治理等方面推动数字技术与农业农村经济深度融合，加快农业生产、流通、营销等关键环节的数智化改造升级，实现乡村数智化变革。乡村产业数智化应用场景如图 4-4 所示。

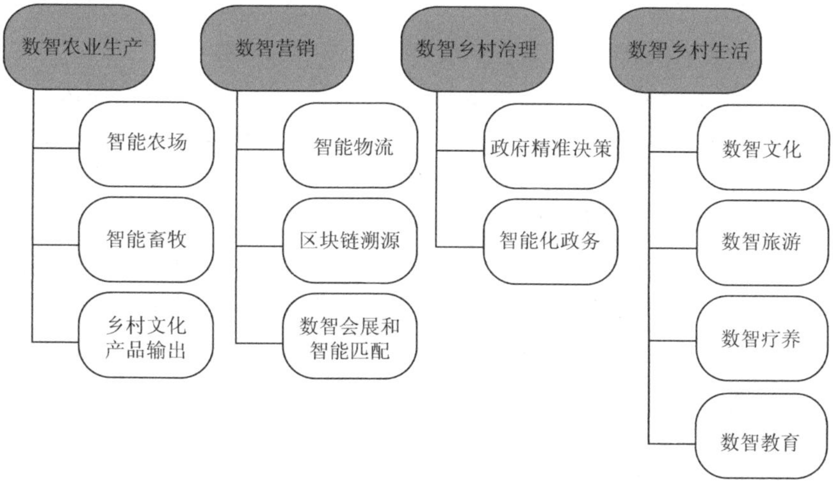

图 4-4　乡村产业数智化应用场景架构图

一、数智化农业生产

数智农业生产依赖人工智能深度学习，解决海量数据和人工智能算法模型两大问题，进而实现识别技术的“自我进化”。农业领域全产业链人工智能工程“农业大脑”是一种以传感器、物联网、云计算、大数据和人工智能为支撑的新型现代农业形态。在综合集成应用领域，可以应用人工智能技术提高农产品筛选的智能化水平。例如，通过人工智能技术进行甘蔗检测、筛选，目前已实现 90%以上的甘蔗杂质（如甘蔗皮、叶、根等）自动检测率，检测效率比人工检测提高了 67%。

从农业生产的国际经验来看,日本于2009年开始研究人工智能和信息技术的农业生产应用,主要通过搭载农业多光谱相机或测绘相机的农用无人机,实现农作物的远程遥感监测,及时了解和分析农作物长势和病虫害情况,用数据支持农业生产经营决策。在智能畜牧方面,人工智能和物联网的应用主要集中在病虫害探测、土壤状况监测等智能识别领域,以及禽畜智能穿戴设备领域。智能机器人的应用集中在播种、耕作、喷药、采摘等领域。美国结合人工智能高精尖技术、物联网等发展规模农业,应用智能化农机技术、"5S"技术等发展精细农业,"大农场"模式和"精耕细作"模式相结合,共同构成了美国的智慧农业生产系统,实现了美国农场的提质增效,如智能机器人科技农场、土地检测小型气象站、智能大棚等。荷兰采用现代化的种植技术、先进的温室技术、科学的水肥管理技术、高效的农艺技术,运用高科技和大数据的力量,包括卫星识别、分子识别、DNA识别等,实现了农作物的高效优质。

我国农业生产的数智化主要依托数字乡村和智慧农业的发展战略,构建包括特色有机农业示范区、农科总部园区和高端休闲体验区的创新农业体系结构。智慧农业的主体做法是将物联网技术运用到传统农业中去,运用传感器和软件通过移动平台或者电脑平台对农业生产进行控制,使传统农业更具有"智慧"。除了精准感知、控制与决策管理外,智慧农业还包括农业电子商务、食品溯源防伪、农业休闲旅游、农业信息服务等方面的内容。从2022年全国智慧农业建设典型案例比对情况看,智能种植主要以复制、推广智慧农业的运营模式,使农机、农艺、农信充分融合,使智慧农业设施、智能农机、智农云平台等紧密协同,为田间管理提供科学指导。智慧农场(图4-5)以县区示范基地为中心,逐步进行模式扩张,辐射周边地区。数字化管理实现了产量提升和成本节约的双重目标,但目前智慧农业仍处在农业"数字化"阶段,智能控制、决策的程度不高。

乡村文化复兴是乡村振兴的重要发展领域。2022年,文化和旅游部、教育部、自然资源部、农业农村部、国家乡村振兴局、国家开发银行联合印发了《关于推动文化产业赋能乡村振兴的意见》,提出综合考虑现阶段乡村经济社会发展需要、文化资源禀赋,从创意设计、演出产业、音乐产业、美术产业、手工艺、数字文化、其他文化产业和文旅融合等八个重点领域赋能乡村振兴。借助数字技术、人工智能技术和VR技术等现代科技手段,构建数字化公共文化服务体系和服务平台。乡村数字博物馆、数字影院、数字云等平台让优秀传统文化和乡村特色产品在网络平台得以广泛传播,打破单向传播关系,以此吸引人才、资金、项目、消费和技术等要素更多向乡村流动,激发乡村文化产业内生动力。

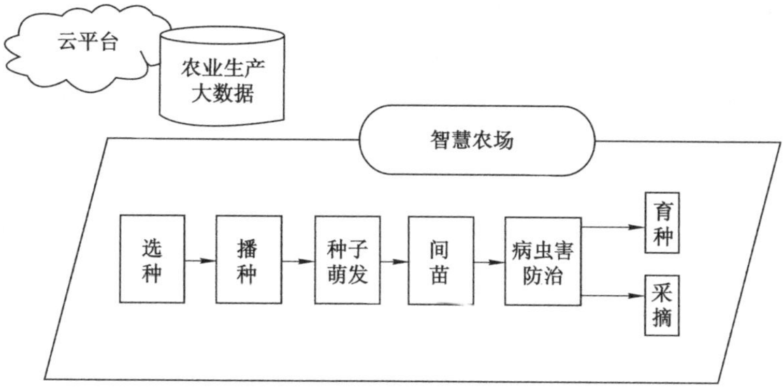

图 4-5　智慧农场场景应用

二、数智农产品营销

在物流环节,生鲜农产品由于保鲜期短、容易腐烂变质的特点,其运输和装卸比多数工业品要复杂得多,常常需要两个以上的储存点和两次以上的装卸工作。如若缺乏科学规划的农产品物流流向,容易造成生鲜农产品对流、倒流、迂回等不合理运输现象,造成农产品腐烂变质。此外,农产品由于季节性特点,其运输具有时间性强和不均衡性的特点。在收获期间,各种农产品的收获季节也是农产品的运输紧张期,其他时间的运输量就小得多,因此要求运输工具的配备和调动与之相适应。生鲜农产品还必须根据它们的物理、化学性质安排合适的运输工具,进行科学的规划、配送,否则就会造成使用价值丧失引起的经济损失。

农产品的数智流通主要以系统和数据产品服务为核心,建设连通物流和商流的平台,对农产品仓储和仓配进行全方位的数据分析,在智能规划的建议下,实施出入库和配送管理。策略规划的制定则是在农产品市场销售数据、配送效率、农产品生产产能预测等数据的综合分析下,进行仓储、配送的智能化建议和管理。另外,还可以依托区块链技术,通过将产品生产、加工、销售等信息上链,形成一个信息透明的价值网络,将产品的整个生产过程及每个环节都记录在区块链上,从而形成一套完整的溯源机制。其具有以下几点优势:① 对每一件农产品都进行编号,赋予唯一的 ID 号,对产品进行全程跟踪记录;② 每个产品都有自己的二维码和证书,可以查询到它从生产到销售的每一个环节信息;③ 通过区块链技术的数据不可篡改性和可追溯性,可以在产品出现质量问题时,快速定位问题食品;④ 让消费者可以在手机上随时查看产品的生产流程和批次信息以及销售情况;⑤ 消费者还可以通过手机查询到所有产品的生产和销售信息。区块链技术的运用不但有效地降低了食品检查的成本,更重要的是,能够借助区块链技术实现对各参与机构之间的信任共享,对商品原材料过程、生产过程、流通过程、营销过程的信息进行整合并写入区块链,实现精细到一物一码的全流程正品追溯。摒弃高额维护成本的缺点,区块链溯源技术是打消消费者最关心的食品安全顾虑,尤其是餐桌食品安全顾虑的有效手段。

三、数智乡村生活

数智乡村生活着力于打造具备数智技术加持的新的乡村生活形态,打破农民消费、就业、教育、医疗的传统束缚,实现城市资源下沉,缩小城乡生活的差异。乡村数智康养主要包含乡村文旅、乡村教育和乡村疗养数智化变革。

数字技术催生多样化文化消费场景,乡村文旅数智化可以帮助人们突破时空限制,沉浸式体验田园风光、乡村古韵、民俗活动,让线上线下一体化、在线在场相结合的文化体验逐步成为现实。运用数字技术打造个性化的乡村文化消费场景,多角度展示当地民俗遗存、曲艺展演、节庆赛事等文化特色,反映各地乡村文化生活的新趣味、新时尚,突出地域特色和时代气息。还要打造乡村文化品牌,推动文化消费场景向特色化和品质化方向发展,构建主客共享的文化和旅游消费空间。绍兴市在数字化改革进程中,开发“数智礼堂”应用,让农村文化礼堂变成文化馆、电影院、音乐馆、网红地等多元空间。“数智礼堂”应用还搭建了互动共享板块,创造“学才艺、秀才艺”平台,让老百姓登上舞台变成文化创造者。村民可以报名越剧、舞蹈、乐器等多门才艺课程,线下向名家拜师学艺;可以上传原创文艺作品,参与“云上擂台”,获得在大型演出中表演的机会;还可以分享乡村美景、美食、村礼,与各地同乡互动交流等。

乡村教育的数智化既包括对乡村学龄人口的教育资源优化,也包括对非学龄农民的继续教育。对学龄人口的数智化变革,主要是依托数字化教学设备、互联网和大数据技术,精准对接相应学龄阶段的城市优势资源,实现优质教育资源与乡村学校、家庭远程对接,提升乡村学校管理信息化水平和乡村家庭互联网教育水平。另外,根据数智乡村的总体发展需求,依托大数据分析,结合农村数智化建设所需的人才岗位和人才层次需求,为不同教育程度的农村劳动力提供阶段性、不间断的在线培训,培育农村电商、新媒体建设维护、农村公共服务等领域人才,为数智乡村建设储备当地人才。

乡村医疗数智化主要是通过建立患者的医疗信息数据库，帮助乡镇卫生所对辖区患有高血压、糖尿病等慢性疾病患者进行定期的线上信息搜集、线下上门看诊，为群众提供体检、健康教育、用药指导等服务。在遇到急诊、复杂的病情时，能够通过远程终端系统快速联络上级医院进行远程指导或转诊。另外，在满足乡村数智化基础设施建设的条件下，人们能够通过便捷的线上消费，满足在乡村生活的消费需求，乡村特有的青山绿水的环境优势能吸引城市退休人员和向往乡村生活方式的群体常住，并为发展乡村康养项目奠定基础。康养产业由于覆盖面广、产业链长，涵盖多个与人类健康紧密相关的生产和服务领域，所以不仅能够推动乡村三产融合发展，还能为当地传统产业的发展提供新鲜血液，增强当地的自我造血能力。

四、数智乡村治理

乡村治理的数智化和乡村治理的数字化差别主要体现在数智技术的应用上，数字化治理是数智乡村治理的基础。乡村治理场域涵盖治理行动的运作主体、运作方式和运作规则，乡村治理数字化转型的主要内容为“谁在治理”的治理主体转型，通过信息化的手段，帮助乡村治理的主体更全面地感知农村社会态势，提供辅助科学决策的手段。乡村治理数字化转型的主要内容还包括为基层政府、村级组织、村民等主体渗透数字治理理念，提升其数字治理能力。在聚焦“怎么治理”的治理规则转型中，推动治理主体转型由地方政府一元主导方式转向多元共治方式。

数字技术的应用与赋能，推动乡村数字治理方式转变。数智乡村治理在宏观层面，则是在乡村治理数字化基础上，突出绿色人工智能的使用。如打造数字平台为工作人员提供专属 App，实现对基础信息的采集、事件的上报处理等各项工作，以此提高工作人员的工作效率。智能化政务包括云端办公、网络自治、基层选举监督、大数据对生产规划的指导，以及智能对话系统、智能留言分类系统、智能检测系统的运用。

除办公数智管理外，数字乡村治理还在智能监护领域发挥作用。如对留守儿童的超远距离监护与沟通等，农村治理中的痼疾和死角在智能技术中会得到有效遏制和整治。机器学习算法通过分析大量历史数据，学习、总结相应知识，建立相应模型对以往的数据进行解释并预测未来。同时，还能使用统计推理工具来识别风险，将预测错误降到最低，实现最佳输出。这种技术常用于政府精准决策中，来增加决策的准确性、提升预测性，为政府政策的提出及预测提供可视化的方案。人工智能技术集成智能语音、机器视觉、自然语言处理等,为社会治理工作提供智能化解决方案,全方位提升社会管理系统。在云南保山,平安乡村人工智能赋能项目极大减轻了当地行政部门的日常治安维护压力。通过人工智能技术,诸如人群聚集、路面垃圾暴露、机动车违停与违规载人、违规秸秆焚烧等突出的社会治理问题可以被有效识别、精准定位,助力当地政府的治理能力现代化。

同时,乡村治理模式的智能化对促进城乡融合、增强农村吸引力也起着重要的作用。通过收集、整理乡村公共产品和公共服务等各类信息资源,建立智慧乡村信息资源中心,与所在城市的人口、经济、教育、医疗等领域的信息达成数据归拢合并;疏通城乡链路,实现双向互动,打破人口集中、生活分散的传统,实现共建共享、城乡生活融合与供需融合,进一步推动产业相融与城乡互通。

第四节　数智乡村的金融应用

中国人民银行统计数据显示,2022 年年末,农村(县及县以下)贷款余额 41.02 万亿元,同比增长 13.5%,增速比上年年末高 1.4 个百分点;全年增加 5.03 万亿元,同比多增 8 734 亿元。农户贷款余额 14.98 万亿元,同比增长 11.2%,增速比上年年末低 2.8 个百分点;全年增加 1.56 万亿元,同比少增 1 166 亿元。农业贷款余额 5.06 万亿元,同比增长 10.7%,增速比上年年末高 3.6 个百分点;全年增加 4 988 亿元,同比多增 1 901 亿元。越来越多的银行借助金融科技力量,推动农业金融产品不断创新,不断丰富乡村金融服务手段。部分金融公司已经开始利用大数据、计算机视觉等人工智能技术,以及卫星遥感技术、光谱分析等科技手段来为金融赋能。

一、金融业务数字化

数智乡村的金融应用首先体现在金融业务的电子化方式转型上,电子业务办理能够为农村客户打破网点距离和网点分散的地域距离限制,为生活在乡村的人们提供手机端远程办理贷款申请、助农惠农补贴存取、自助缴费、口头挂失等金融服务。在农村金融业务领域,运用数智加密技术实现远程签约和材料核准。电子合同平台基于 PKI 体系,结合电子签章、数字证书等产品为银行和用户提供线上电子协议或电子合同的签约服务,使用户的签约过程更加便捷和快速。通过在线签约,银行可以随时随地发起签约申请,避免烦琐的人工审核和传输过程,并且可以随时查看签约记录和合同。电子签约服务采用了最新的安全技术和措施,以确保个人信息和交易信息不会被窃取或泄露,可用于各种协议和合同的签署,如开户协议、电子支付协议、贷款协议、存款合同、贷款合同等。电子签章则采用最先进的加密技术,通过电子设备或者身份认证方式进行身份验证,确保签署操作过程的真实性。

二、人工智能的保险应用

目前,人工智能技术在农户保险管理的应用优势上主要体现在降低工作人员的核验成本及提高效率上:一是应用计算机视觉技术,用面部识别技术判断被投保家畜是否真实死亡,在提升运营效率的基础上,促使保险企业积极开拓涉农贷款市场,为农户降低保费提供可能性,进而推动农户购买保险,降低养殖风险。二是运用卫星遥感技术进行信用评估。光谱分析、卫星遥感技术通过卫星影像解析,能够为农作物种植实行全区域覆盖监控,让银行、保险公司无须实地查验便能实时掌握农户实际种植情况。对监控地块实行信用额度评估、贷后管理、灾害评估,结合大数据比对分析,甚至能够为农户预测产量、产值,提供市场销售的建议,实现贷款主体双赢。

三、智能风控技术助力涉农供应链金融业务

智能风控技术是指综合运用大数据、人工智能和云计算等技术,以数据驱动风险管理,是实现风险管理流程智能化转型的重要手段,目的是提高风险管理效率、解决信息不对称问题及降低风险管理成本。信贷管理智能风控技术应用场景见表 4-4。

表 4-4　信贷管理智能风控技术应用场景

实用领域	技术应用
信贷客户评价	决策树模型分析
客户信息核验	反欺诈评估模型
信贷风险评估计量	信用风险评估模型量化评估可能性风险
放贷后跟踪管理	以随机森林(RF)算法进行风险监测、评估
逾期管理	智能外呼、智能联系客户进行款项催收

乡村产业振兴是推动乡村数智化进程的重要步骤,乡村产业创新和改造

必须解决农户的融资问题。以数据集市、指标库、数据仓库为数据基础层，以核算、内评、预警、计量等多场景为应用系统层，构建完善的智慧风控生态体系，实现审批效率提升。针对个体农户可能存在数据较少、征信空白等情况，金融机构和人工智能公司合作开发的智能风控模型的发挥空间有限，需要结合下乡尽调、入户调查等方式，补充数据库，探索开发多领域融合的智能平台，为智能风控提供条件。另外，人工智能企业和银行等金融机构合作，为涉农龙头企业及上下游企业提供风控建议。

第五章　数智乡村建设与乡村人口振兴

作为“数字乡村”的升级版本，数智乡村建设是数智技术应用和乡村建设发展的重要“结合点”。数字技术应用为乡村发展提供了新的机会，乡村数智化以数据集合为基础，深入乡村生活、产业、治理和旅游等各方面，对乡村人口流动产生的影响各异。从流出角度看，农村劳动力的外出转移有利于推动农业新技术的应用，推动传统农业生产方式变革，但人口过度流失产生的“空心化”问题使乡村数智化的内需动力不足。从回流角度看，富裕地区、中等收入地区和贫穷地区对农村回流人口的需求不同，但高素质的主动性返乡人员产生的社会经济效益更高。已有的研究表明，农村人口回流可以推动农村非农产业转型，促进乡村资源优化重组，同时缓解城镇过度集中的基础设施、社会保障需求的压力。目前相关研究主要集中于数字金融对乡村产业振兴的效应分析和数智化乡村建设方案两个方面。

相较于“数字乡村”，数智乡村的概念提出较晚。2021 年 12 月，中国社会科学院财经战略研究院、农业农村部信息中心与京东科技联合发布《数智乡村白皮书(2021)》，首次深度阐述数智乡村概念，数智乡村中的“数智”两个字包含了数字化、网络化、智能化。目前大多数学者认同数智乡村发展水平将成为农业农村经济社会发展的最重要标志。已有的研究基本都是从技术构建的角度研究数智乡村的建设模式，较少从乡村岗位创新和数字金融创新的角度探讨数智化乡村的建设推动方案。乡村振兴依托乡村人口振兴，虽然人口振兴不局限于乡村人口的存量增长，但人口回流却是巩固乡村振兴产业成果的有效路径。探讨乡村数智化过程对农村人口流入机制的影响，有利于从人口流动的角度，探讨提升数智乡村内生动力的实现路径。

第一节　农村人口流动的乡村发展困境

一、社会背景与农村人口流动

《中华人民共和国国民经济和社会发展第十四个五年规划和2035年远景目标纲要》对加快建设数字经济、数字社会和数字政府提出新的要求，并强调了数字化转型对推动生产、生活方式的重要性。党的二十大报告也强调了乡村振兴在我国发展格局中的重要地位。智慧乡村建设是推动乡村振兴战略突破性发展的重要手段。2023年中央一号文件强调通过增强农业战略科技力量，实现农业创新链与产业链有机融合。

（一）数字乡村建设背景

农村网络基础设施实现全覆盖，5G加速向农村延伸，截至2022年8月，全国已累计建成并开通5G基站196.8万个，5G网络覆盖所有地级市城区、县城城区和96％的乡镇镇区，实现“县县通5G”。《中国数字乡村发展报告（2022年）》显示，截至2022年6月，农村网民规模达2.93亿，农村互联网普及率达到58.8％，是“十三五”初期的2倍，城乡互联网普及率差距缩小近15个百分点。农业农村管理数字化转型局面初步形成，农产品市场监测预警体系初步建立，农产品市场分析研判能力明显提升。数字化监管模式不断创新，探索利用数字技术支撑耕地用途管制、制种基地监管、宅基地改革试点等工作。通过现代信息技术的广泛应用，农村普惠金融服务的可得性、便利性不断提升。

（二）农村人口流动

随着城镇化进程的加快，过去20年，我国农村人口流失明显，大规模农村人口往城镇转移。国家统计局资料显示，2022年年末在城镇居住的进城农民工14 533万人，比上年增加436万人，增长1.9％。截至2022年年底，我国常住人口城镇化率高达65.22％，而乡村人口数量却首次低破5亿。农村人口流动主要分为两类，一类是教育转移，这类农村人口转移主要来源于大学毕业后通过工作落户所在城市或其他城市。第二类是务工转移，主要来源于低学历层次的农村人口以务工形式转变为城镇劳动力，这类人员往往保留农村户籍，工作稳定性相对更低，回流农村的可能性更大。农业农村部数据显示，2012—2022年，全国返乡入乡创业人员数量累计达到1 220万人。截至2022年6月，返乡农民工就地、就近就业率为90.7%，县域内吸纳农村劳动力转移就业人数占比为55%。在乡村振兴的政策推动下，农村人口回流趋势明显，留乡、返乡人员人数有所增加，人口回流的带动效应日趋显著。

二、农村人口外流对乡村发展的负面效应

农村人口形势有着更为复杂的表现，农村人口的自然增长率高于城镇。2023年春节期间，武汉大学中国乡村治理研究中心联合新浪微博开展了大规模互联网问卷调查，在全国范围内的城乡各调查5万居民。调查数据显示，在乡村社会，愿意生育二胎及以上的受调查者占比超过40%，而这一比例在城市只有26%，二者差距悬殊；在低生育意愿群体中，无生育意愿的在乡村占比只有24%，而这一比例在城市高达31.7%。这说明，当前农村人口出生率下降的趋势还比较平缓。农村持续性劳动力外流会对农村经济产生重要影响，主要体现在农村人口“空心化”现象造成农村经济发展缓慢、发展动力缺失、农村土地得不到有效的规模化生产、缺乏正确合理的规划等问题。

（一）降低乡村发展的内生动力

城乡之间的生产力和居民收入还存在着较大的差异，农村人口向城市转移的现象还会持续性存在。虽然乡村振兴不一定要求将农村人口留在乡村，但大量青壮年劳动力的流出仍在一定程度上影响农村现代化发展的内生动力。农村年轻劳动力大规模向外流出加剧农村人口结构的老龄化程度，流动家庭化趋势又进一步减少农村家庭户数。由于特有的乡情文化影响，农村外流人口在积攒外出务工、经商的资金后，往往选择回乡建房、修缮房屋，改善乡村的总体住宿环境，但大量青壮年人口的流失，也导致了农业劳动力的急剧减少，致使农业劳动力缺口加大，农业劳动生产率下降，也限制了工业和服务业在农村地区的发展，在一定程度上降低了乡村产业发展的内生动力。

从消费需求角度来看，农村人口大量外流使得农村消费市场缩小，极大地束缚了农村集体经济的发展壮大。目前，我国农村产业结构单一现象普遍，农村产业发展目标不明确，未能有效把握市场规律。单一的产业结构和有限的资源无法支撑乡村经济发展，当前农村产业经济发展陷入“产业发展条件缺

乏→人口外流→内生发展动力不足→人口外流”的恶性循环。在欠发达农村地区,尤其是西部农村地区,社会资本无法与社会治理进行有效配合,农村地区发展的内生动力和农村人口存量紧密相连。

（二）影响农村土地流转

全国大多数农村都面临着产业基础薄弱、市场化程度低和资本积累不足等问题,越来越多的农村盲目指望通过发展休闲农业和乡村旅游来实现乡村发展,并未充分考虑其具有的区位环境资源和经济发展情况,导致大多工作停留在完成任务和应付形式之上。

在土地要素上,农村人口的大量外流会导致农村土地无人耕种的问题,大量闲置的土地容易被水和风侵蚀,造成水土流失,还会让土壤质量下降,也会对后续土地的利用造成更大的影响。土地闲置、乱占耕地、耕地荒废、房屋乱建等问题,还会导致农村土地得不到有效的规模化生产,缺乏正确合理的规划。农村集体经济的发展依赖于土地资源的利用,农村土地流转困难成为农村集体经济发展的痛点,直接阻碍了农业现代化发展。

（三）不利于农村社会稳定

农村人口流失对农村社会稳定产生不利影响。大量农田被废弃或转为荒地,农业生产面临严重衰退。这不仅影响了农民的收入来源,也加剧了土地资源的浪费和环境问题。荒芜的农田难以恢复,使农村地区的粮食安全和农产品供给受到威胁。随着农村人口流失不断增加,农村劳动力缺口不断扩大,农村留守儿童和老年人数量不断增加,农村社会公共服务体系不配套,这一系列问题的出现,影响了农村地区的社会稳定。日益频繁的人口流动还容易破坏农村基层组织架构的稳定性。此外,农村人口外流也加剧了城乡差距,国民经济发展中的区域差异进一步加大了社会矛盾和风险。

第二节　数智乡村应用场景的人才需求

与数字乡村不同,数智乡村的应用是在人工智能、区块链、大数据、云计算和物联网的综合应用基础上开发乡村数智操作系统。有别于简单的无纸化和网络化建设,乡村数智操作系统是实现乡村产业、乡村治理、乡村生活数智化的基础设施,是要求群众全时、全域参与的数字化和智能化系统。数智化过程的建设难度更大，对平台开发人员和使用人员的素质要求也更高。从数智乡村常见的应用模块分析，未来数智乡村的应用场景主要集中在信息平台基础设施建设、乡村经济、乡村治理和乡村生活四大模块，每个模块细分为若干子模块，不同的模块对相关就业人员具备的能力需求不同。数智乡村基础设施建设的专业技术人员主要来自通信企业、互联网企业、数字科技企业、农业科技企业，而乡村产业、乡村治理和乡村生活场景则可以为农村劳动力提供岗位需求。

从数智乡村的应用场景来看，不同的应用模块对应的就业人员来源如图 5-1 所示。

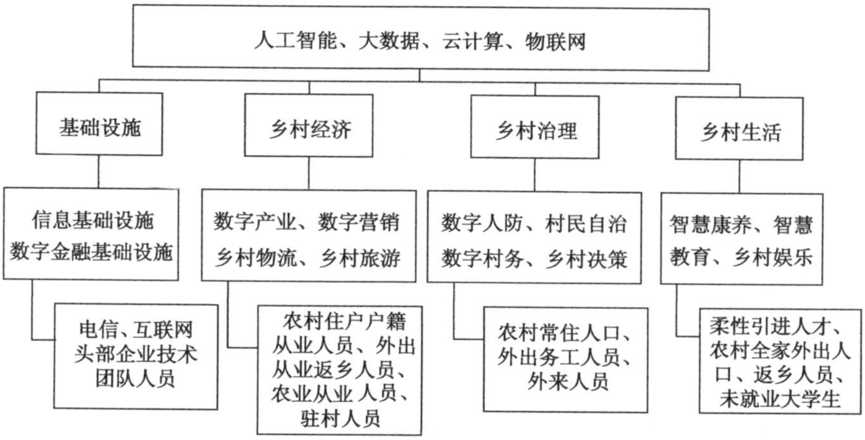

图 5-1　数智乡村应用场景及相关就业人员来源图

一、数智化基础设施的人才需求

数智乡村的数据建设是在乡村产业规划、乡村购物消费、交通出行等场景数字化的基础上，汇集乡村数据体系，通过未来数据资源存储模式，实现各领域的数字共享和平台共建。数智乡村平台共建的技术支持来源于电信企业和互联网科技企业。这些企业服务涵盖提供人工智能、大数据、云计算、区块链、物联网等技术服务，完成 4G、5G 基站覆盖，提升网速、降低网络流量使用费等内容。为实现大数据在智能监测、信号远程传输和智慧物流等领域的应用，不仅需要完成信息基础设施建设，还需要在乡村产业、治理、生活等多模块的应用上进行数据融合。而网络、信息基础设施的建设则必须依托数字技术专家和技术团队所搭建的“连接+算力+智力”网络。其岗位需求集中于数字乡村的行业调研人员、产品整体规划人员、迭代路线图制定人员以及数据平台的产品专家、解决方案专家、数据工程师等。数智技术应用阶段则加大了对神经网络算法工程师、智能语音交互工程师、视觉系统与内容创作者等岗位的需求。信息基础设施岗位需求的专业性强,往往以科技型企业的技术团队人员为主体。

二、乡村经济数智化的人才需求

产业振兴是乡村振兴的工作重点,同时也是数智乡村建设的重要推手。乡村产业数智化革新需要营销、物流、旅游等产业链条的同步配合。农业产业数智化不是某个环节的智能管理,是全产业链的数智化嵌入。从农业生产、过程管理、农产品流通、营销手段到各环节的金融数智化支持,均以数据采集作为基础,再通过数智化种植和监测、智能供应链体系、数字化营销创新和数字金融支持,实现全产业链互通共联。在人员需要方面,除了从事农业种植的农民,还增加了智能化系统操作人员、智慧系统监测人员、农机作业服务人员、新业态平台销售人员、乡村旅游服务人员、涉农金融服务人员等新的岗位需求。农业产业链数智化在提升传统农业生产效率的同时,加大了对具备数字化技能的岗位需求,尤其是农业生产、物流配送、直播平台、乡村旅游服务等领域的岗位需求。

三、现代化乡村治理、生活的人才需求

乡村治理数智化的目标是为服务对象提供更加便捷、简易的服务。“智能政务”要求在网上办理项目的基础上,精准预测村民的政务办理需求,并进行高效处理。“智能生活”则是在原有网络购物、娱乐、信息发布的基础上,让医疗、教育等优质公共资源通过数字化网络和终端下沉农村,为村民提供远程教育、智慧康养、数字文化和地方特色文化的传播渠道。数智化乡村政务平台搭建、智慧乡村生活系统的日常运营增加了对具备相关专业素养的需求,岗位需求集中于农村电商培训讲师、非物质文化遗产传承人、康养产业服务人员、农村金融业务发展专家、环境工程人员等。在人居环境维护上,还增加了如环境卫生保洁员、乡村道路维护员、护林员等乡村公共服务岗位。

第三节　数智乡村建设对乡村人口回流的虹吸作用

20世纪60年代，美国学者埃弗雷特·李（E.S.Lee）提出了“推拉理论”，系统区分了人口迁移的消极和积极因素。在对劳动力迁移的影响分析中，该理论认为经济、文化、资本的追逐是农村劳动力向城市转移的主要原因。从经济和已有的城乡劳动力影响因素分析，我国乡村人口迁出的主要原因是城乡收入和生活条件的差异性，而户籍制度、城市偏向政策和高生活成本则会限制农村劳动力外流。数智乡村建设有利于提升农村非农业部门就业，对乡村人口回流具备虹吸作用。

一、农业产业数智转型带动效应

数智乡村的智能化应用场景变革虽然在一定程度上降低了对农业劳动力的需求，但同时具备岗位创造效应。农业数智化转型提升了人机交互型职位的市场需求，对需要较多沟通互动的非重复性体力劳动也有显著提升的需求。

农村劳动力回流和农业现代化转型具有双向推动作用，农村非农产业有利于非风险偏好型劳动力返乡。农村规模化产业发展有利于增加农村的就业机会，吸引外流人员回流就业。农业产业数智化强调提升产业关联的各环节的智能化水平。在生产环节，应用植物体测量评定技术、可视化远程监控和指导技术、区块链溯源技术等，对农作物生产全过程进行精准监测，提升农作物产量及质量。通过大数据的分析筛选，绘制消费者数据画像，为入驻的农业企业定制最佳的生产、销售方案，反向满足市场需求。在销售环节，在供应链金融服务的支持下，通过数智会展、云端展台、智能营销匹配等，实现大数据智能销售。与传统农业生产、销售、加工比较，虽然数智化农业运营所需的操作、监控、分析人员减少，甚至出现农业生产的无人系统的主特征，但产业生产效率提升推动了劳动力从农业向非农产业流动，促使数据要素应用场景进一步衍生和拓展，加大了对数据资源服务产业人员的需求，如数据标注人员、数据审核员人、基层信息化服务网格人员、视频监控观测人员、智慧康养的服务人员、智能销售的线上布展人员、主播及乡村数智化培训人员等新的岗位。农业产业数智化转型可以提升农村经济发展活力，吸引具备信息应用技术的人员回流农村，减少甚至逆转乡村人口持续外流的“空心化”现象。

二、城市新增就业机会和城市失业人数

根据托达罗的三部门模型理论，农村劳动者的主要迁移动机是预期收入差异，而迁移者在城市能否找到工作取决于城市新增就业机会和城市失业人数是否增加。据国家统计局数据，2022 年 1—11 月，全国城镇调查失业率平均值为 5.6%。本地户籍劳动力调查失业率为 5.5%，外来农业户籍劳动力调查失业率为 6.0%。与城市新增的就业人数相比，农村进城务工人员的就业难度增大，失业率提升。在特殊时期，城市就业需求降低导致农村户籍人员返乡数量增长，但一旦经济恢复常态，城市相对的高收入水平还是会引发新一轮的乡村人口流出。因此，平衡城乡地区收入差异、提升地区经济发展的质量水平，是解决乡村被动接受人口迁移困境的有效途径。

乡村数智化的建设涉及产业、生活、市场等众多领域，数智化生产力的形成不仅能从市场下沉的角度拓宽产品市场，还能通过发挥乡村特有的土地、空气、水源优势，实现安全生产、精准销售。通过农业生产产业链的数智化赋能，农业企业能够生产出更多满足高质量生活需求的“菜篮子”“肉袋子”产品，帮助农民实现产业致富，扭转城市资源禀赋差异导致的人口“捡漏”劣势。

三、乡村生活智慧化推进

数智乡村的场景数智化需要配备功能齐全的软硬件设施，项目建成后，数智乡村的生活便利性甚至会优于城市。从数智乡村建设的生活架构来看，乡村教育、消费、养老、医疗服务需求均能通过数智化公共平台得到满足。远程在线教育能填补乡村教育的城乡鸿沟，实现一流师资的线上引入。搭配线下辅导岗位教师的指导、配合，农村学龄儿童也能够享有“家门口”的高质量教学。除基础教育外，在线教育平台也能够满足职业教育的需求，如乡村实训基地建设、新农人的阶段性培训等。依托数智乡村的物联网和物流现代化网络，消费者可以更好地享受线上消费模式的便利性。在医疗养老领域，综合数据平台具备健康大数据追踪、在线问诊、远程医疗指导、智能感知等各项功能，能够线上连接优质医疗资源，有效提升乡村医疗的服务能效。由于拥有青山绿水的环境优势，所以数智乡村可以吸引更多的城市养老人群长期居住，并在健康监测、远程连线对接、数据分析和服务运营方面增加乡村康养的岗位需求。

第四节　乡村数智化建设对农村劳动力需求的制约和路径探索

一、制约因素分析

目前，农业生产的行业构成仍以种植业、林业、畜牧业为主。第三次全国农业普查数据显示，农业生产经营人员受教育程度以小学、初中、高中或中专学历为主，初中学历占比接近 50%，大比重人员集中在 36～54 岁之间。《中国农村教育发展报告 2020—2022》数据显示，乡村教育多项指标进步明显，但高学历人才仍然稀缺。《2022 大学生就业力调研报告》显示，仅有 1.4% 的应届大学生就业预期行业选择为农林牧渔，传统的农业生产模式难以留住高素质就业人员。数智农业的集约化生产方式对参与乡村智能化建设的人员提出了更高的要求，乡村数智化建设岗位的需求集中于农业产业规划师、产品数字化销售人员、数据分析工程师、档案数字化专员，高素质的人员需求在一定程度上制约了农村劳动力的回流。

（一）农业生产智能转型导致传统劳力削减

农业智能化生产管理适用于集约化规模生产方式，倒逼传统“劳动力密集型”的生产方式向“资本、技术密集型”的生产方式转型。智能农业以农业企业运营为主，大大降低了对农业劳动力的人力需求。数智化农业技术甚至以实现农业生产的无人化管理为目标。在农业技术处理、自动系统控制领域，农作物生长过程中的管理监测和系统操作仅需要几个技术人员即可完成。在智能系统的帮助下，农业生产对从事育种、施肥、种苗、饲养人员的需求也持续减少。从需求结构变化上看，消费者对高品质蛋奶制品、肉类的需求持续增加，农产品的供给结构变化导致传统农业生产的产品供需出现矛盾，农作物耕种的人员需求大大降低。

从数智化转型的劳动力重构来看，与城市较高的数字化应用水平相比，乡村的中青年劳动力群体受教育程度低。由于缺乏智能终端设备，农村大多数老人成为“数字困难户”，导致农村智能场景应用的能力有限。数字鸿沟的出现使广大农村地区的居民难以适应农业集中化、规模化的发展，甚至被乡村智能转型的新的生产方式所淘汰。

(二)数智乡村建设的内外生动力

虽然目前乡村数字化建设有序推进,但数智乡村建设仍未形成统一的制度框架和总体规划。数智乡村的平台搭建涉及农业、工信、旅游、医疗、金融等多部门联动协调,打破部门数据系统割裂、实现统筹管理的难度较大,尤其是在建设资金层面,由于资金分散管理,各阶段资金长短期投入需求各异,所以乡村数智化项目合力建设难以有效落实。

数智乡村建设还存在各方诉求差异的问题,参与主体的建设目标也不尽相同。政府建设数智乡村的主要目标是乡村振兴、经济推动和环境改善;企业则希望用较少的投入获得高利润回报,或者获得长期的政府资源收益;而村民的诉求则是提升收入水平,改善生活条件。数智乡村初期数据平台的搭建、智能化农作物的种植、畜牧养殖的设备、乡村文旅的建设、疗养设施的配套建设均需要在统一蓝图的指引下进行持续性资金投入。在缺乏数智化改造精准定位的情况下,容易出现数字繁荣局限于硬件设施配套和平台建设投入的问题,导致数字建设方向和农村实际需求不相匹配的矛盾。由于各方利益群体的投入难以在短期内得到回报,所以参与主体建设数智乡村的积极性会降低。

(三)数智化建设的人才需求与属地匹配

网络基础设施、数据中心、智能计算中心是支撑数智技术应用的基础。数智乡村的应用平台需要开发具有个性化场景需求的独立系统,费用涵盖软件平台、物联网服务、网络、监控等。数智化建设的首次投入成本大、建设周期长、过程开发风险高。

数智化基础设施建设不仅需要数字技术的应用人才,还需要大量乡村产业发展的复合型人才。但同时具备数字技术和产业实践经验的人才数量较少,难以满足乡村产业数智化转型需求。据人力资源和社会保障部数据预测,2025 年智能制造领域的人才需求为 900 万,人才缺口预计达到 450 万人。数智乡村建设的各大应用场景的需求岗位,不同程度提升了对就业人员的素质能力的要求,尤其是互联网、大数据应用的能力。而从受教育程度水平来看,留守农村的农民往往受教育程度最低,就地实现数智化乡村相关岗位的对接难度大。外出务工人员即使有回乡意愿,但与受教育程度高且愿意入住乡村的外来劳动力比较,仍缺乏竞争优势。若在乡村数智化应用场景的岗位需求上设置地域排他性规定,则容易引发“归属地权益”矛盾,在一定程度上劝退满足岗位需求的劳动力入村。

（四）乡村数智化建设推动人口回流的融资挑战

随着农业数字化进程的不断推进，平台建设的巨量资金需求是制约数智乡村建设的重要因素。市场化运作的资金大部分来自金融机构的有效资金供给。从互联网企业的前期建设投入到智能化应用场景建设，金融机构提供的专项信贷和服务创新不可或缺，但城乡二元结构改革困境又加剧了乡村数智化转型资金需求大与农业项目信贷服务水平低之间的矛盾。

数智乡村建设的市场化运营投入有利于形成产业发展的内生动力，其中资金需求的主体应是多元化的，除政府的财政资金投入外，还需要金融机构为社会资本提供信贷。从金融风险管控的角度分析，金融机构对地理区位分散、农产品交易链条冗长、征信记录缺失的农业经营主体的放贷意愿低，在缺乏信用增级手段的情况下，农业企业的融资困难问题仍难以解决。融资难导致配套资金投入少，持续性、全方位的数据融合难以实现，进而影响数智化建设的全场景应用效果。在乡村数智振兴产生的经济效能受到制约的情况下，返乡创业、就业的外出人员也会相应减少。

二、作用路径探索

（一）产业关联的就业岗位同步数智转型

数智乡村建设的产业数智化转型所需人才需要具备农业产业背景和经验。科技企业的数字技术人才往往缺乏产业运营经验，因而政府主导、场景运用企业共同参与的人才培养才能满足农业产业数智化转型的人才需求。不同于数字技术普及，数智乡村建设集合大数据、人工智能、区块链等高阶能力应用，需要人社部门加强与数字化企业的合作，建立和完善数智乡村劳动力需求的动态数据库。培养农村产业智能转型的“产业＋技术”人才，并有针对性地进行产业数智化阶段性需求就业培训，满足农业产业数智融合的不同阶段目标。智能化平台应用能力的提升，能够实现当地农业产业的科学合理规划，推进农业生产由“我能生产的”到“市场需要的”转变。

从属地受益角度考虑，在乡村产业数智化转型过程中，尽量实现农村农作劳动力向产业技术劳动力的就地转化。从种植、生产、加工、物流到营销各环节，为当地青壮年劳动力提供免费的集中岗前培训，甚至提供岗位培训津贴，最大限度地避免当地劳动力的外流。从数智化场景细分的角度，建立农村人才梯队培养模式，如农业种植、乡村旅游服务、医疗养护服务、教学培训助理、远程医疗助理、乡村政务服务引导、农产品新媒体销售等不同场景的岗位人才梯队。通过农村劳动力数据库对农村不同年龄、学历层次的劳动力进行分层筛选,结合个人意愿实施人才培养和培训,发挥乡村数智转型的人口振兴作用。

（二）产业链延伸拉动数智化应用岗位需求

数智化赋能有利于打破制造业与服务业的割裂状态,实现产业链延伸。通过上下游产业链条的串联,农业产业链的延伸可以更好地实现企业的多元化融合。在生产领域,运用卫星遥感技术,通过光谱波段实现对大宗作物和经济作物的田块级精细识别,结合气象数据和作物生长标准,准确预估地块产量,自动形成未来市场变化和风险防控预警机制。在销售领域,通过区块链不对称加密技术,实现农产品溯源及生产环节的全信息展示,尤其是营养成分及农药残留、兽药、鱼药残留测试,以及饲料添加剂测试数值的数据展示,从数智化质量把控角度扩大市场占有率,从而增加各环节的就业岗位需求。

在产业数智升级的基础上,外扩产业链条,打造乡村原创新 IP 衍生文化产品。运用短视频创作、生态场景生活直播、微博发布等多渠道传播乡村传统民俗、文化符号和特有文化。构建本土匠人评价激励机制,发挥三产融合中农村匠人的作用,组建非物质文化遗产、本土技艺传承的数字团队,推动更多的岗位需求。

发挥数智康养的聚集效应,推动乡村银发疗养产业的发展。通过吸引城市退休人群入村养老,实现人口引流。充分利用上游产业链的供应优势,利用数据平台为中游农产品加工企业、乡村疗养机构、乡村文旅产品进行智能匹配,实现智能农场、智能牧场的“菜篮子”与“肉袋子”产品的就地加工、销售,就近消耗产能。用“智能生产＋上乘质量”的优质农产品拉动乡村文旅和智慧康养的消费,在 5G、AR、VR、物联网技术支持下,加快城乡数智化协同发展步伐。通过沉浸式直播方式,为网友提供温室智能大棚、智慧养殖投喂系统、数智化乡村文化等乡村生产生活场景的实时信息,并借助云上宣传、智能传输、智慧营销等数智辅助手段全方位展现数智乡村建设成果,吸引更多城市消费人群(图 5-2)。

（三）数字化协同乡村治理

乡村治理的数智化平台初期建设的目标在于打破村民参与乡村治理的时空界限。乡村治理流程的数智化改造是建立在已有的“云上办事”平台基础上的。数智村务系统不仅需要满足留守当地的村民的日常电子政务办理需求,同时还要注重将外出务工村民日益增强的成员意识转化为有效的参与途径。

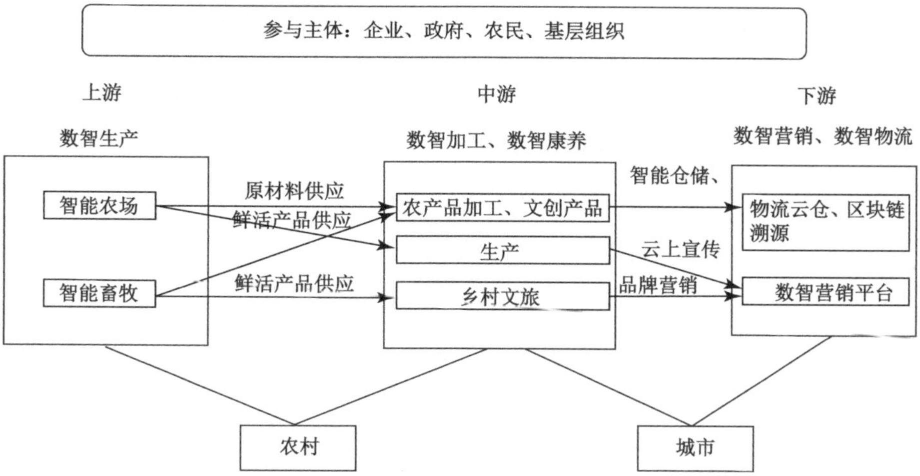

图 5-2　数智乡村产业链布局

通过提供云端的参与体验，为外出务工村民提供家乡生活的“实景更新图”，增强外出农民的归属感，提升其回乡就业的积极性。此外，还可以通过直播乡村数智化建设的过程，让人们沉浸式体验乡村数智化升级改造的过程，吸引致力于乡村振兴的环保人士、喜好新农村生活方式的人群带着项目入驻，进而推动乡村人口振兴。

智慧城市与数智化乡村的信息互通是数智乡村政务平台建设的基础。城乡信息融合需要当地政府抓住人们生活理念转变的契机，及时收集回流人口的资金需求、就业服务需求信息，迅速构建返乡劳动力和政策服务的连接机制，为回乡创业人员、返乡务工人员提供创业及就业的匹配信息，依靠深度技术融合，开发符合当地村务需求的应用组件。在人口管理方面，由于新迁入的外来人口容易打破乡村原有“熟人社会”的治理模式，乡村治理的模式应依托“智慧村务”系统和云宣传平台，为外来移居人员提供明确的土地房屋使用权契约，免除其长期生活的后顾之忧。另外，应用平台优势，为外来人员提供跨时空、跨身份的秩序维护系统，解决有可能出现的利益纠纷，使其更好地融入当地生活。

（四）数字金融赋能农村资本积累

作为吸引人口的重要因素，数智乡村建设的资本引流至关重要。为避免农村人口的家庭式外流，应发挥专项资金投入、金融机构贷款、社会资本加盟的共同作用。

在技术领域,数字金融大背景下的银行业务数据存储量极大,数据库实例数量增长速度极快,所以金融机构需加快数智领域的数字化改造,采用云原生架构,根据项目需求进行原有云平台的改造或私有云平台的建设,对数智乡村相关产业变化数据进行在线横向扩展。在技术手段方面,运用全流程信贷监控手段,打破乡村信息孤岛,降低农户信息不对称的高融资成本压力,减轻金融歧视的“马太效应”,提升农民创业的积极性,并为农民推动消费升级提供资本积累。

在数字普惠金融领域,金融机构应从金融普惠的角度,提供符合农村智能产业需求的供应链金融。运用大数据的风控系统,为智能乡村建设的关联项目提供优惠贷款,提升乡村智能产业应用场景的调配效率。商业银行可以在“乡村振兴贷”的基础上提供“智能乡村贷”,为服务新型农业的经营主体开通绿色授信通道,提升人们留村、入村智能创业的积极性。

数智乡村建设是农业发展历程的 4.0 版本,为构建三产融合的乡村振兴提供新的路径选择。数智乡村是在数字经济基础上进一步发挥人工智能在乡村各场景的应用优势,实现智能决策。数智乡村建设对人口流动的影响总体是正向的,主要体现在以下几个方面:一是有利于通过农业产业振兴提升对技术型岗位的需求,通过产业生产链的扩展延伸创造更多的岗位需求,提升该劳动群体的收入水平。二是有利于通过乡村场景的功能建设投入,改善乡村生活的软硬件设施,缩小城乡生活便利性差距,增加乡村生活的吸引力。三是有利于通过智能政务平台,营造“主人翁”的参与氛围,为当地生活居民和外出村民提供跨越时空界限的云端村务办理平台,为“乡情”提供串联纽带,激励外出农民回乡创业。四是通过数智化农旅融合,推动当地的文化振兴,发挥农村特有的自然环境优势,打造“智慧康养”项目和特色乡村民宿项目,吸引城市人口。

当然,数智乡村建设的过程也是农村新业态的重塑过程,会对传统的农业生产模式带来颠覆性的变革,大大降低生产运营环节的人才需求,因而需要依靠长期的人才培养来满足新农人的岗位需求。另外,数智乡村建设由于资金投入需求量巨大,不适合采用“一盘棋”的建设投入方式,而是应当在数字经济发展基础较好的乡村建立试点,阶段性地分析数智乡村建设的运行成效,从释放内生动力角度解决乡村人口流失问题。

第六章　农村金融数智化的市场约束

中国农村金融体系潜在市场规模巨大，前景非常广阔。然而，目前大多数农业仍处于传统农业阶段，大多数地区的农业基础设施仍然落后，农村金融体系的接受度相对较低且分散，农村金融市场的数智化建设仍存在众多约束因素。

第一节　征信系统大数据应用的制约因素和实践

在人工智能、加密技术、物联网等技术的加持下，金融科技的核心应用之一是大数据征信。大数据征信是指运用大数据技术构建征信模型及算法，通过对海量个人信息进行采集、分析、整合和挖掘，多维度刻画信用主体的违约率和信用状况，形成对信用主体的信用评价，实现贷前、贷中和贷后风险监测与预警。征信系统的大数据应用在提供信息便捷处理的同时，也存在制约因素。

一、征信系统的大数据应用

目前我国已经建成世界规模最大、收录人数最多、收集信息全面、覆盖范围和使用范围最广的信用信息基础数据库——金融信用信息基础数据库。该数据库基本上为国内每一个有信用活动的企业和个人建立了信用档案，为大数据征信系统的完善提供了数据库基础。征信系统的大数据应用主要体现在以下几个方面。

（一）数据串联

传统的征信系统信息采集主要依托金融机构收集的个人、企业金融业务信息采集。银行信息收集的渠道主要来源于客户描述信息、申请签约信息、账户交易信息、业务状态信息、分类评价信息、分析估测信息等，但对于信息收集成本高的客户关联信息的获取难度大。在大数据的算力支持下，银行可以对个人、企业客户在各领域的海量信息进行收集、筛选和分析，自动关联、分析信用信息，为银行提供风险评估的数据支持，从而实现对个人、企业融资，征信的风险量化，外部数据整合等多场景应用。

(二) 反欺诈识别

征信系统的数据准确程度和对方欺诈行为出现的频次相关。常见的个人欺诈一般分为身份欺诈和主观还款意愿欺诈。身份欺诈往往采用身份盗用的方式伪造个人信息。大数据技术可以实现人脸图像与公安部数据库系统的即时比对，筛选申请人信息黑料，审查是否存在多方申请的违约风险问题等，在申请人信息采集阶段，避免主观信用违约产生的欺诈风险。

至于团伙欺诈，则利用数据与信用的关联度，建立具有深度学习功能的算法模型，并通过不断的验证对过去的关联数据进行统计，更好地刻画客户的违约概率和信用状况，帮助银行化解因个人、中小微企业会计信息失真、信用累计缺失而导致的信用评价难题。

(三) 信用评分模型

依托大数据技术，银行可以依据不同的信贷产品样本，利用计算机高效的数据处理与分析性能，分别构建不同的信用评分模型。客户的信用评价、贷后风险的评估都由计算机通过数学模型的算法实现，不仅保证了量化结果的真实性，还保证了评估工作的高速度、多线程和实时性，大大提升了风险管理的效率。依托计算机高效的数据处理与分析性能，系统可以同时对业务申请人进行实时评价，并开展 24 小时的贷后风险监控，非常适用于中小微企业众多、融资“短、小、频、急”的情况。

(四) 贷后管理

贷后管理是验证征信系统信息的重要渠道。大数据的贷后管理主要是通过打破“信息孤岛”屏障，创建集合性信息平台。大数据获取能力还能自动分析监测信息，自动分离预警层级，实现风险客户精准锁定，有效规避操作风险，大幅减少贷后工作量。征信机构持续收集客户的信用风险状况信息并及时更新，提供最新数据给信息使用者，方便信息使用者预测客户未来一段时间的还款趋势，对有可能逾期的客户进行预警，从而降低损失。此外，还可以利用征信数据建立催收模型，配合使用不同的催收策略，提高工作效率。

二、金融机构应用大数据征信的优势

大数据和金融科技的发展为金融机构创造了新的机会，通过信贷决策模型，贷款程序得到了进一步的简化。高性能模型使银行能够更精确地定义贷款(资本)参数，提升预测的准确程度，为符合申请条件的申请人更快地发放贷款，在提升放贷收入的同时，降低信贷违约的风险。在美国，高性能信贷决策模型嵌入数字贷款银行的做法给贷款发放机构带来的好处体现在以下三个方面。

(一)收入增加

大数据征信模式的客户接纳程度更高，银行信息获取的成本更低，客户体验感更好。通过大数据分类，部分银行按信誉程度高低将客户进行分类，对信用风险高的客户提供高利率贷放产品，为信用风险低的客户提供优惠贷放条件。信用决策模型通过自动化的评估，大大减少了银行的人力投入，在降低信息收集成本的同时改善客户体验。

(二)信用损失减少

大数据模式下的征信系统可以对金融企业存在的风险进行控制，用可观察到、已经录入系统的交易数据作为变量，利用大数据进行分析计算，评判出现风险的可能性大小，并将风险分为几个不同等级，进行不同程度的信用管理。从客户进行交易的第一个行为开始进行分析，对风险做出判断且及时采取方法控制风险，从而能够有效控制风险并进行科学决策，对风险高的交易形成预警并自动报警。

(三)效率提升

传统征信数据相对结构化和低维度一般只涉及二三十个变量，以保证模型结果的稳定，但也导致没法对缺少相关标准化信贷记录的客户进行有效的风险评估。而新的大数据网络征信数据维度可达上千个，涵盖消费者的各类行为和社交等非结构化数据，解决了不被传统征信覆盖的数亿网民的信用评估难题。高度自动化的数据提取、案例优先级应用(如对低风险案例使用直通式处理，同时更彻底地分析高风险案例)和模型开发的组合征信系统的应用能够大幅度提升管理效能。

三、制约因素分析

(一)信息采集问题

目前，我国个人征信信息采集的依据是《征信业管理条例》。《征信业管理条例》属于行政法规，《征信业务管理办法》属于部门规章，法律层级不高。在大数据时代，若个人信息保护制度不完善，会导致数据采集受阻，人们出于个人信息保护的角度，主观抵制征信信息的填报或暴露。此外，由于征信信息采集的界限不清晰，个人、机构的违规采集现象屡禁不止。不少打着大数据公司、金融科技公司等旗号的企业，在未经授权的情况下非法采集个人信息，甚至用于非法营利。2022 年 11 月，谷歌(Google)拟向美国 40 个州支付 3.915 亿美元(约合 28 亿元人民币)，就 40 个州指控谷歌非法追踪用户信息达成和解。2021 年 11 月，我国工信部通报 38 款应用软件存在“违规收集个人信息”问题。2022 年 6 月，中国信息通信研究院联合电信终端产业协会发布了《OTT 终端数据安全和个人信息保护研究报告(2022 年)》。报告显示，在多款互联网电视产品的安全评测中，80%的电视系统存在用户数据被非法采集共享的问题。征信系统的大数据应用，需要健全的法规体系和采集标准。

（二）数据来源问题

相比于央行征信系统的权威性、数据质量的可靠性，大数据征信机构的数据来源更加宽泛、品种更加丰富，但数据质量、权威性出现问题的可能性更大。美国国家消费者法律中心于 2014 年 3 月对主要的大数据征信公司进行调查后发表了题为《大数据，个人信用评分的大失望》的调查报告。报告称，大数据征信公司的信息错误率高于 50%。这些公司的数据模型繁多又复杂，使用不准确的数据，有“垃圾进、垃圾出”之嫌。许多征信机构和银行的信贷决策模型使用的数据多为历史数据，这类数据尽管在行业或特定的范围发挥作用，但对于承销业务和跨区域征信的效果有限。

（三）信贷风险管理问题

与互联网金融企业相比，传统商业银行所采用的风控模型相对保守，个人信贷风险计量主要通过概率论和数理统计等方式来建立计量模型，从而使商业银行能够较为准确地预测未来发生风险的可能性及产生损失的程度。目前，我国商业银行个人信贷风险计量是以定性分析为主、定量分析为辅。商业银行采用的风险计量方法虽然有一定的量化评定标准，但是不可避免地在收集贷款人信息以及贷前调查过程中会存在贷款人或信贷人员道德风险问题，问题的主观性较强，带有很多的模糊性和不确定性。风险计量是贷后管理环节中极为重要的部分，商业银行缺少个人信贷风险量化模型，在对基础信息进行定性分析的基础上，大量使用定量分析可以更加精准和快速地进行风险的监测和控制。

（四）征信机构问题

前瞻产业研究院数据显示，自 2016 年后，中国征信行业中企业征信机构数量维持在 130 家左右，整体数量较少，此外，企业量级较小。在企业征信领域，截至 2022 年 8 月，在中国人民银行备案的企业征信机构共有 136 家，缺少占据绝对市场份额的企业征信机构，较具代表性的机构有中诚信征信、鹏元征信、上海邓白氏等；在个人征信领域，目前我国只有 2 家征信机构获得个人征信业务牌照，分别为百行征信有限公司、朴道征信有限公司，竞争者数量少。征信系统的大数据应用以数据作为基础，缺乏时效性的信用信息会影响信用信息需求方的正确判断，导致出现错误决策。天然形成的“数据孤岛”会干扰信用信息需求方的决策行为，进而产生风险。征信行业的核心问题在于如何打破“数据孤岛”。“数据孤岛”的存在一方面封闭了各社会征信机构信用信息的数据库，造成了信用信息的闭环。另一方面，因获取信用信息需要付出经济成本，进而使得“数据孤岛”更为封闭，导致信息整合的难度加深，从而阻碍社会征信机构乃至整个征信市场的发展。

四、麦肯锡的信贷决策模型实践

作为大数据运用的重要工具，信贷决策模型是金融机构进行信贷管理的重要工具。麦肯锡在设计新的信贷决策模型时确定了四个最佳实践：实施模块化架构、挖掘信用信号数据、拓展业务专业知识和循序渐进的转型方法。

（一）实施模块化架构

从理论上讲，在混合所有基础数据源构建的统一数据库上运行一种优化算法将产生（全局）最优模型。模块化架构包含行业和地理差异信息的众多子模型（或模块），这些子模型（或模块）组合在一起以给出一个元信用信号。由于元信用信号的运用可以更高效地添加或删除模块，因此银行可以随时更新数据并集成到模型中，形成最后的评分（图 6-1）。

在宏观经济环境发生变化时，银行可以借助模块化架构做出快速反应。例如，在模型中赋予现金和收入模块更高的权重，影响模型的结论推导。这种架构模型能为不同服务群体提供更精准的服务建议，帮助银行拓展潜在的盈利领域。和传统信贷模型只关注产品相关的数据不同，新的子模型基于客户的主体地位，将所有的产品、市场数据进行全方位的分析，让模型发挥更高的决策性能。部分金融机构已经开始应用大量的内部和外部数据源来提高征信系统的预测能力。模块化信用决策模型的组成部分见表 6-1。

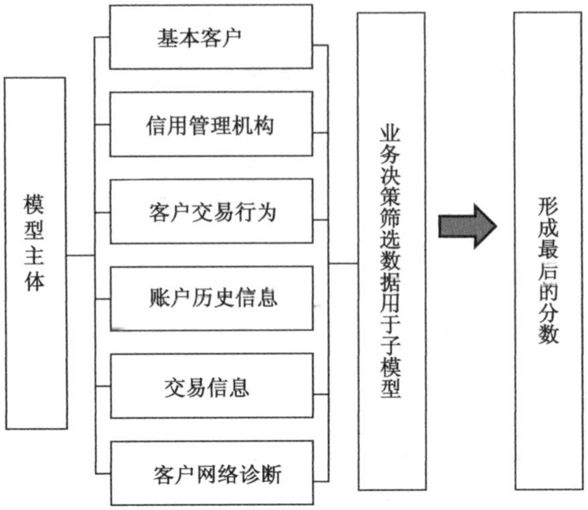

图 6-1　基于人口细分和业务输入的子模型

表 6-1　模块化信用决策模型的组成部分

运用方法	优先考虑对信贷产品至关重要的数据源
	自我学习和优化
	按模块进行任务分配
模型维护	为模型更新添加数据源
	删除无关数据源
	更新特定数据源
模型开发	对相似的数据源进行分组，用结构化的方式运行
	将模型开发重点放在特定的客户群体

（二）挖掘信用信号数据

为了在行业内取得大数据的应用优势，一些银行已经开始实行模型和业务的深度融合开发，用权威、可靠数据作为基础，构建精确的客户视图。使用文本挖掘和自然语言处理技术精准标记交易细节，并通过系统监控将个人和商业活动纳入其信用风险模型，具体包括以下三种方式：一是分段规则的制定。通过 ML 技术，更好地识别特定变量，为特定或新的客户群体服务。例如，通过自动设定地域性因素与中小微企业的高关联度，或是设定企业财务风险与大型企业的高关联度，实现模型的精准预测。二是派生信用信号的方法，具体包括传统的变量变换(幂函数、样条曲线和趋势分析)和推导业务合理比率。例如,通过将自然语言处理技术应用于客户交易信息的处理,银行可以识别客户的租金和水电费的变化,从而判断客户是否面临信贷挑战。三是构建和验证挑战者模型。银行可以使用ML技术与其信用风险模型并行开发挑战者模型,发现金融征信系统外的相关信息,借以提升借贷的盈利能力。

(三)拓展业务专业知识

除了强化银行工作人员的专业知识外,风险和营销团队之间的协作对拓展业务人员的业务能力至关重要。银行的信用风险团队若只专注于信用预期,利用标准转化机制计算业务的增长率,或使用虚拟变量标记信用预期客户,就会忽视潜在的客户市场开发。为了更好地拓展银行相关岗位的专业知识,信用风险团队可以为营销组标记新的数据源。在模型设计时,模型设计师应该充分考虑营销团队的意见,将营销团队收集的市场信息转化为模型的定量信号,通过营销团队的信息回馈检验模型设置的合理性并加以修订。

(四)循序渐进的转型方法

通过五个阶段的转型流程,银行可以在不到六个月的时间内实施新的信贷决策模型,比现行行业标准(12～24个月)快得多。信贷决策模型的转型流程见表6-2。

表6-2　信贷决策模型的转型流程

所处阶段	具体内容
第一阶段:信用模型演练	分析信用模型,审查其方法设置、绩效和用途,以确定潜在的改进领域
第二阶段:信用评分模型诊断和设计	评估数据的当前状态,确定适于建模的数据源,然后创建包含这些数据的路线图。比较不同细分市场的模型性能,以确定其薄弱领域
第三阶段:数据准备和工程	对数据进行工程设计,使其为建模做好准备(如格式化、完整性测试以及执行缺失值和记录处理)
第四阶段:开发下一代信用评分模型	开发初代产品通常需要三个为期两周的建模周期,每个周期进行专家的意见反馈
第五阶段:信用评分融入贷款转型	自动化贷款流程,并使用新的信用评分模型更新信用决策模型

随着数字技术应用的深入,金融机构需要更复杂和自动化的信贷决策模

型适应市场需求。这些模型的数据不仅来源于传统的银行内部数据,还需要整合非传统的外部数据。信贷模型的转型可以帮助银行改善其信贷模式,提升信贷产品的盈利能力。

第二节　二元经济结构的影响因素

一、二元经济结构的城乡差异与农村金融

(一)理论简述

相对于发达国家的一元经济结构,二元经济理论被认为更适用于发展中国家。1953 年,荷兰经济学家伯克提出二元经济系统理论。1954 年,英国经济学家刘易斯提出二元经济结构转换理论,认为现代工业部门的扩张极大地依赖农业部门提供的廉价劳动力,工业部门和农业部门的劳动生产率差异导致现代化工业和传统农业并存的经济结构出现。从农村金融市场理论的发展历程看,20 世纪 80 年代以前,农村金融理论的主导学说是农业信贷补贴论。20 世纪 80—90 年代,农村金融市场论成为主流理论。2006 年以后,中国农村金融市场的制度分析和竞争性农村金融市场理论成为讨论主体。在农村金融市场的政策主张上,许多学者认为农业信贷补贴应当在农村金融市场机制失灵时使用,农村金融市场的多元化竞争是农村实现有效融资的可行路径。

(二)二元经济结构下的城乡人均收入差异

中华人民共和国成立后,随着工业化进程的加速,我国城镇化进程也得以加速。在农村市场经济体制迅速发展的同时,我国也产生了二元经济结构下巨大的城乡差异。《中国统计年鉴》数据显示,1978—2007 年间,城镇居民家庭人均收入从 343.4 元增长到 13 785.8 元,农村居民家庭人均收入从 133.6 元增长到 4 140.4 元,城乡居民收入比也呈现总体上升的趋势。之后,在消除城乡二元经济结构差异的相关政策推动下,城乡居民收入相对差距持续缩小。国务院新闻办公室公布的数据显示,2022 年,城镇居民人均可支配收入中位数为 45 123 元,农村居民人均可支配收入中位数为 17 734 元,城镇居民人均可支配收入与农村居民人均可支配收入为 2.45∶1,城乡居民收入相对差距持续缩小,如图 6-2 所示。

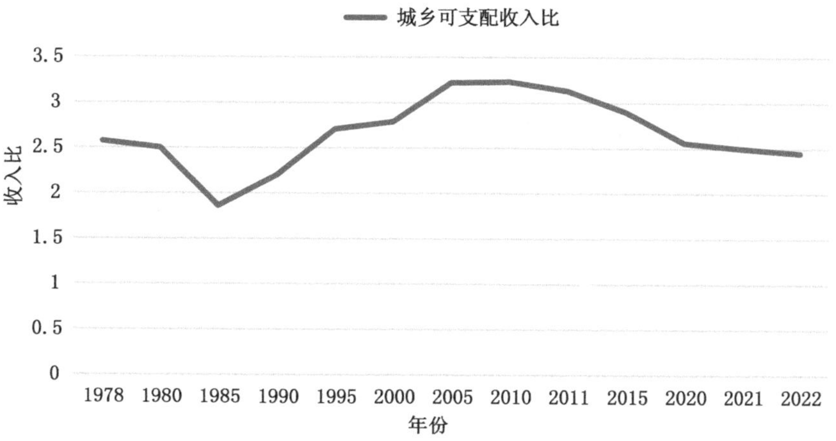

图 6-2　1978—2022 年城乡居民收入比

（数据来源：《中国统计年鉴》）

二、二元经济结构下中国农村金融市场特征

二元经济结构下，城乡基础设施水平、收入水平、消费水平、社会保障、教育、文化生活等差距显著，城乡金融市场也呈现差异性特征，但在相关政策指引下，我国农村金融市场也在改革中，形成了新的市场特色。

（一）农村金融市场多元化发展

1978 年以来，我国农村的改革加速了农村经济商品化和货币化的进程，随即产生了投融资主体多元化的需求。经过多年的改革，目前我国农村金融体系呈现多元化、差异化的形态。农村金融组织民营化程度加大，金融机构的金融服务进一步扩大试点范围，促进多元化的资金逐步进入农村金融市场。伴随着国家财政管理体制和金融体制改革的不断深入，农村金融主体呈扩大化趋势，逐步形成了多元化的金融环境。小农户和新型农业主体并存推动了金融需求主体的多元化发展模式。

农村金融市场的多元化体现在金融机构种类、产权主体和市场主体等诸多方面。参与农村金融市场的金融机构范畴不断扩展，非国有金融机构、非正规金融机构、商业性金融机构、政策性金融机构等都发挥着充盈农村金融市场主体的作用。在产权主体上，国有独资、国有控股、合作制、私营股份制银行及保险公司也逐步将业务拓展至农村市场。在新的市场竞争格局下,农村金融市场的多元化主体也在不断推动银行金融业务、市场结构和监管机制的改革。

（二）非正规金融组织的补充作用

我国的农村正规金融体系主要由以中国农业发展银行为主的政策性金融机构、以中国农业银行为主的商业性金融机构、以农村信用合作社和农村合作银行为主的合作性金融机构构成。农户的收入和资产状况评估结果的信贷竞争力相对不足,农户更容易受到需求型和供给型信贷约束。为补充资金来源的渠道,不同于传统金融机构模式的一些市场主体开始出现,如小额贷款公司、小额信贷组织、典当行等非正规金融机构类型。我国农村非正规金融的产生和发展在相当程度上取决于外在因素,即金融抑制以及由金融抑制导致的政策扭曲。一方面,对国家银行信用的片面强调导致在金融安排上产生无视民间信用的缺陷;另一方面,农村正规金融供给不足与农村经济资金需求高涨之间存在着严重的不对称,催生了农村非正规金融的产生和蓬勃发展,使其成为农村资金融通的重要渠道。农村合作基金会是在 20 世纪 80 年代中期由农村集体经济组织和农户进行的自下而上的内部融资尝试,以社员股金、集体资金、储蓄存款和相关的扶持资金为其资本来源,以社区内的集体经济组织、乡镇企业、各种类型的社会化服务组织、承包户、专业户和农户为主要服务对象,由农业农村部管辖其经营组织。农村合作基金会具有强大的内生性,在很大程度上缓解了农村资金供给不足的矛盾。在后续的发展中,农村合作基金会朝银行化的方向发展,违背其合作基金的互助宗旨,出现大范围的挤兑风险,最终导致被国家明令清理关闭。

除此之外,民间借贷也是农村非正规金融的主要形式,更多地表现为农村居民个人之间、个人(含私营企业主)与民间金融组织之间的货币性借款融资,具体组织形式主要有合会、钱庄、无息借款、高利贷等。农村金融市场民间借贷的产生主要源于社会闲散资金聚集、资金供求失衡和正规金融机构的信贷政策偏向等。

（三）普惠金融推广

为了立足各群体的机会平等原则,增进社会公平和社会和谐,在联合国提出“普惠金融”的概念后,我国也相继出台指引性文件,推动普惠金融政策的实施。在农村金融领域,2015 年年底,国务院印发《推进普惠金融发展规划(2016—2020 年)》,鼓励银行机构和非银行支付机构面向农村地区提供安全、可靠的网上支付、手机支付等服务,拓展银行卡助农取款服务广度和深度。在建立健全普惠金融信用信息体系方面，强调加快建立多层级的小微企业和农民信用档案平台，实现企业主个人、农户家庭等多维度信用数据可应用。扩充金融信用信息基础数据库接入机构，降低普惠金融服务对象征信成本。

自2015年，通过建立普惠金融试点的方式，我国逐步扩大农村普惠金融的受益范围。经过十余年的努力，我国农村普惠金融发挥的作用主要体现在为农村贫困人群和偏远地区贫困人群等提供可负担的金融服务，缓解农村经济组织融资难、融资贵的难题，运用数字化金融产品和服务赋能农村实体产业，通过全国金融精准扶贫贷款有效匹配新型农业经营主体等。在数字普惠金融领域，加快农村地区金融基础设施的建设，初步建立了农户信用信息系统，解决了乡村落后地区市场信息缺失、农产品销售不畅、农业产业升级滞后等问题。

三、二元经济结构差异下的农村金融数智化困境

（一）数字基础设施建设的应用面窄

金融数智化包含数字化和智能化两方面，是数字金融的升级版本。与数字金融的基础设施建设比较，金融数智化强调数据智能，基于云计算、大数据、AI技术，用数据激活链接，用算法代替经验公式，对核心系统、技术架构和应用的软硬件设施的要求更高。尽管目前农村地区在基本公共网络、移动智能终端、物联网设备基础设施建设上已经取得明显进步，但农村用户的金融应用范围仍有提升空间。

《中国数字乡村发展报告（2022年）》数据显示，截至2022年年底，5G网络覆盖所有县城城区，实现“村村通宽带”“县县通5G”。以互联网普及率为例，《数字中国发展报告（2022年）》显示，截至2022年年底，全国网民规模达10.67亿，互联网普及率达75.6%。其中，农村网民规模为3.08亿，农村地区互联网普及率为61.9%。在数字基础设施建设城乡差距逐步缩小的同时，移动终端往往被用于满足观看短视频、社交平台、网络通话等生活需求，用于“三农”领域的支付、信息查询、信贷、电商等数字化金融应用程度较低。受传统支付观念影响，部分农村地区仍以现金支付作为主要的支付方式。而使用数字支付又是数字普惠金融的一个最基本需求，如果数字支付在农村得不到快速推广，诸如数字保险、数字理财等金融产品在农村地区就更难以实现普及，进而影响金融科技的智能化推广。

（二）金融排斥影响大

我国的金融排斥现象在乡村振兴产业政策的影响下有所改善，但由于存在城乡人口结构、收入水平和地域分布等方面的差异性，金融排斥也是影响农村金融数智化应用的因素之一。农村金融排斥阻碍金融机构在农村地区推广数智化体现在以下两个方面：一是数据采集。金融数智化工具的自动监测和预测是以基础数据作为基础的，农村地区村落分散、人员流动性大，金融机构搜集信用记录并实地核实的成本高、信贷风险评估的难度大，难以保障数据的真实性和可靠性。二是供需排斥。数智金融的主要目标是在数字金融基础上，依托大数据和人工智能推动产业金融服务创新。但由于“数字鸿沟”的存在，农村用户往往不愿意主动使用创新金融工具获得生活便利和信贷资金。大多数农户更愿意接受面对面的业务办理，而非移动终端的操作。在传统业务网点被智能化设备取代时，他们宁愿选择放弃业务办理，忍受金融生活的不便利性。从金融机构的角度分析，大数据的铺设需要大规模的资金投入，为降低投入产出比过高的风险，金融机构往往更愿意选择人口集中、数字化基础水平较好的城市进行业务智能化升级。

（三）智能交互的数据安全

数据安全是企业级数据基础设施必备的一个属性，也是数据平台建设时极容易忽略的一点。不同于网络安全和信息安全，数据安全基于“以数据为中心”的立场，安全体系的架构设计侧重于数据分级及敏感数据全生命周期的保护，目标是保障数据资产的保密性、完整性、可用性。从数据安全架构经典的“5A”方法论来看，应当满足身份认证（Authentication）、授权（Authorization）、访问控制（Access Control）、可审计（Auditable）和资产保护（Asset Protection）的要求。通过交易信用数据搜集，农业供应链服务商能够分析物流、资金等相关数据信息，进而构建相关信息库，建立信用档案，解决农业生产和销售过程中的贷款获得和资金回笼问题。

智能化时代，金融数据安全也关系到金融数据价值的大小。从金融平台用户角度分析，由于数字普惠金融以数字技术和网络为载体，跨越人为审核屏障，突破空间管理的限制，给不法分子非法融资、电信诈骗等带来便利。个别账户安全事件导致农户对数字金融的抵触心理加强。从金融机构数据处理能力角度分析，规模较小的地方农商银行、村镇银行和小额贷款公司等抵抗网络攻击的能力相对较弱，更容易成为被攻击的对象。

第三节　数智乡村建设的内生动力问题

数字金融和数智乡村建设相互作用，乡村数智化进程能够为数字金融应用提供良好的数字基础，数字金融在乡村的推广也能为数智乡村建设提供高效的金融支持。在乡村振兴策略的推动下，乡村数智化发展进程加速，但数智乡村建设仍存在内生动力不足问题，在一定程度上制约农村金融数智化发展。

一、人口因素

根据第七次全国人口普查结果，全国人口中，居住在城镇的人口为9.02亿人，占63.89%（2020年我国户籍人口城镇化率为45.4%）；居住在乡村的人口为5.10亿人，占36.11%。与2010年第六次全国人口普查相比，城镇人口增加2.36亿人，乡村人口减少1.64亿人，城镇人口比重上升14.21个百分点。国家统计局数据显示，2022年全国城镇常住人口为92 071万人，比上年增加646万人；乡村常住人口为49 104万人，减少731万人；城镇人口占全国人口比重（城镇化率）为65.22%，比上年提高0.5个百分点，城镇化率持续提高。从历次人口普查和统计资料看，城镇人口总体呈现连续上涨趋势，但从2020年开始，城镇人口增速放缓，如图6-3所示。

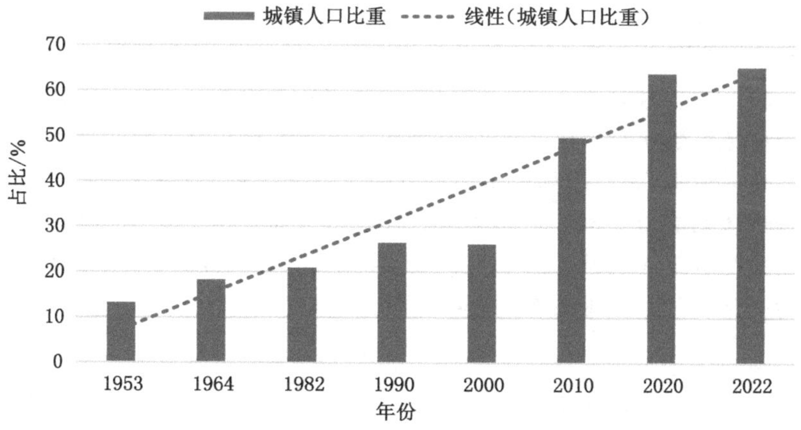

图6-3　历次人口普查城镇人口比重

劳动人口是乡村建设的骨干和主力军,是乡村建设的主要力量。受城镇化建设和人口迁移流动的影响,乡村人口不断向城镇转移,大量乡村青壮年人口流失,留守乡村的特殊人群主要为老人和儿童。民政部公布的数据显示,2015 年乡村留守人口总数超过 1.5 亿,其中留守儿童超过 6 000 万,留守妇女约4 700万,留守老人约 5 000 万。乡村人口流失导致人力资本存量下降,势必会给数智乡村建设带来阻碍。

二、教育水平

农民受教育水平的高低不仅会影响农民个人和家庭的收入,影响农民接受新知识和学习先进技术,而且不利于它们改变传统的思维理念去接受新事物,还会影响其对乡村变革的接受程度。国家统计局发布的《2022 年农民工监测调查报告》资料显示,在全部农民工中,未上过学的占 0.7%,小学文化程度占13.4%,初中文化程度占 55.2%,高中文化程度占 17.0%,大专及以上文化程度占 13.7%。大专及以上文化程度农民工所占比重比上年提高 1.1 个百分点。在外出农民工中,大专及以上文化程度的占 18.7%,比上年提高 1.6 个百分点;在本地农民工中,大专及以上文化程度的占 9.1%,比上年提高 0.6 个百分点。《中国农村教育发展报告 2020—2022》调研结果显示,2021 年全国有义务教育阶段农村留守儿童 1 199.20 万人,与 2012 年相比减少 1 071.87 万人,减幅达 47.20%;在学前教育、义务教育阶段,乡村教育多项发展指标进步明显。“十四五”时期,农村教育发展依然面临不可忽视的挑战。缩小城乡教育差距的任务依然繁重,提升农村教育质量的目标仍有挑战,激发乡村学校的创新活力还有困难。

从数字金融的角度看,农民的受教育水平高低决定了金融科技应用水平的高低。较低的金融教育水平会抑制农村居民运用数字金融工具的能力,进而影响农村地区数字金融服务的使用深度。虽然农村数字普惠金融对降低金融机构的交易成本、完善市场组织体系发挥了重要作用,但是它对数字基础设施和消费者认知能力提出了更高要求。而这些要求必须在教育、科技和金融等多部门的配合下才能共同满足,如果满足的时空协同性不好,数字普惠金融的功效将受到制约甚至带来新的金融排斥问题,此即其内在局限性。

三、产业因素

除了农村劳动力因素外,影响我国农村产业发展的要素还包括土地流转、产业基础、农产品营销和农业资金。

（一）土地流转

实现土地的规模化、集约化经营是发展现代农业的必由之路。但土地问题涉及村民的切身利益，特别是对作为弱势群体的村民来说，其土地权益在流转过程之中难以得到有效保障。目前我国在土地流转过程之中有不少问题没有规范，如土地流转形式如何选择、流转价格如何确定、农民的合法权益如何保障、事中事后如何监管、生态环境如何保护、土地流转服务平台如何建立、流转管理服务费如何收取、纠纷调解仲裁体系如何建设等，都还没有具体的相关规定。农民普遍缺乏和土地流转相关的政策知识和谈判水平，在与企业的流转合作中，农民处于信息劣势地位，一般只能以较低廉的租金流转土地。若土地流转无法形成规范化的操作流程，则新型数字生产方式难以在农村地区获得推广。

（二）产业基础

乡村产业数智化是以智慧农业生产为基础，建设数智化操作平台，以智慧农业项目带动数智农业的生产方式。传统的单家独户的小农经济生产方式，生产效率较低，生产成本较高，投入产出比较低，乡村产业聚集度较低。从产业生产环节来看，产业规模化、集约化经营仍面临困难。无论是特色种植业、特色养殖业或乡村特色旅游业，都难以从上游、中游、下游等各个环节形成比较完善的产业链。乡村产业数智化以产业数据资源为基础，农业农村大数据应用目前仅限于获取零散实时数据、整合涉农历史数据，形成浅层数据服务产品，数据加工分析能力较弱，数据、算力、算法三大环节要素闭环运行、相互支撑的格局亟待构建。此外，农村数智产业发展还存在数据标准不统一的问题。由于国家尚未建立农业数据的标准，所以各部门存在数据储存和表达格式不一的问题，无形中提高了数据资源利用的难度。在数据平台使用上，数据平台只能收集和处理采用了数字农业技术的农户数据，尚未采用数字农业技术的农户信息只能通过政府相关部门提供或金融机构自行调查获取，导致数字技术的服务范围有限。

（三）农产品营销

目前我国农产品市场较突出的问题在于农产品结构性过剩。和早期农产品加工普遍不足不同的是，目前同时出现农产品加工不足和加工过度问题。农产品加工环节损失较多，影响粮食等主要农产品有效供给和加工业质量效益提升。从农产品供给看，农产品供给仍以“大路货”为主，优质绿色农产品占比较低，休闲旅游普遍存在同质化现象，缺乏小众类、精准化、中高端产品与服务，品牌溢价有限。农业农村数字化技术创新研发动力不足、效能较低。数字乡村建设步伐不断加快，但市场创新活力明显不足。农产品开拓市场、迎合市场的能力远远不能满足形势发展的需要。整体上，农业农村数字化领域不少企业适应市场变化的能力不足，产品研发、技术创新的核心力量较弱，升级换代速度也较慢，主要精力集中于技术的模仿复制，忽视应用和服务的及时升级和完善，导致数字乡村应用日益趋同，无法满足市场差异化需求。

（四）农业资金

数智农业技术的"门槛"效应阻碍小农户农业数字化转型的积极性。数字化农业技术需要一定的成本投入，如摄像头、遥感装置等设备的投入和更新维护。对小农户来说，农业生产尤其是粮食种植利润非常微薄，生产经营需要达到一定的规模才能使数字化农业生产的效益提高到与成本投入相匹配。出于成本收益的考虑，对于缺乏规模经济性的小农户而言，购买技术服务带来的额外成本支出降低了其使用数字技术的积极性。这也是当前我国数字农业发展主要依靠政府推动的重要原因。

农业产业项目的资金来源主要由财政支农资金、信贷基金和投资人自有资金构成。财政支农资金主要包括固定资产投资（含国债投资和水利建设基金）、农业综合开发资金、财政扶贫资金、支援农村生产支出、农业科技投入等。目前财政支农资金存在资金管理多头、投入分散、效益较低的问题。在农业信贷资金使用方面，由于农业经营主体缺少易流通抵押物，加上银行贷款程序复杂、烦琐，金融产品下沉不够，容易导致农村大额周转资金贷款难的问题。乡村产业项目投资较大、见效较慢、周期较长，投资回收期一般至少需要5年左右。投资回收期长加上农业生产贷款难，会降低农户、农业项目投资人进行产业创新的积极性。农业项目自有资金包含农民合作经济的积累以及农民个人投资，农业产业本身的弱质性决定了农业投资面临较大的风险；农村产业的数智化升级资金的需求体量大、回报率低、周期长的特征，也决定了农业产业项目个人投资意愿低的结果。

四、数智基础因素

（一）网络基础设施

农业生产基地4G信号盲点仍然较多，乡村5G基站、光纤宽带、物联网设施等新基建数量和布局亟待完善。根据中国互联网络信息中心统计数据，截至2022年6月，中国互联网普及率为74.4%，其中农村地区互联网普及率为

58.8%。2023年4月，中央网信办、农业农村部、国家发展改革委、工业和信息化部、国家乡村振兴局联合印发《2023年数字乡村发展工作要点》，明确了数字乡村的建设目标：农村宽带接入用户数超过1.9亿，5G网络基本实现乡镇级以上区域和有条件的行政村覆盖，农业生产信息化率达到26.5%，农产品电商网络零售额突破5 800亿元，全国具备条件的新型农业经营主体建档评级基本全覆盖。从建设目标看，要满足数智乡村平台互通的数据条件，还需要进行持续性的数据整合投入。

农业物联网可以实时获取目标作物或农业装置设备的状态，监控作业过程，实现设备间、设备与人的泛在连接，做到对网络上各个终端与节点的智能化感知、识别和精准管理。农业物联网将成为全球农业大数据共享的神经脉络，是智能化的关键一环。通过物联网收集来自不同维度的、海量的数据存储于云端、边缘端，再通过大数据分析以及更高形式的人工智能，实现万物数据化、万物智联化。目前农村物联网技术应用存在的问题主要涵盖使用意愿不足、现有农业物联网设施装备作用有限、现有人员应用农业物联网技术水平不够、农业物联网技术应用规模不够等，不利于信息化与农业现代化的融合。

（二）数据整合共享

农业农村数据资源分散，公共数据共享开放不足，"空天地一体化"数据获取能力较弱、覆盖率低，数据要素价值挖掘利用不够。从各产业数字经济渗透率来看，数字经济创新的数字化技术与应用正在不断深度融合，其中数字经济在服务业渗透率最高，农业中的数字经济渗透率暂时较低。2021年，我国农业的数字经济渗透率为9.7%，比上一年度增长0.9个百分点，但和服务业43.7%的数字经济渗透率比较，仍存在较大差距。在数据共享方面，数据复杂标准不一、数智需求场景多样、安全性难保障等诸多问题，影响着乡村数据的开放共享进程。不少已建设的数字化平台存在数据整合难度较高、开放共享程度较低等问题，难以对数据进行综合利用，制约跨区域、跨行业的协作协同和科学决策，数字乡村建设未能形成显著的协同效应。在"空天地一体化"数据应用上，农业"空天地一体化"体系构建依靠卫星遥感测量、无人机实时拍摄和野外调查移动终端配合来获取自然地块的信息，往往由政府部门牵头，与卫星技术服务企业、农业科技企业签订项目建设合约，因此农业数字化赋能的基地示范作用大于市场效能。由于国家尚未建立农业数据的标准，各部门存在数据储存和表达格式不一的问题，所以无形中提高了数据资源利用的难度。

（三）融合应用

农业产业数字化、数字产业化滞后，融合应用场景不多，数字经济在农业中的占比远低于工业和服务业。数智乡村各场景的应用以技术和人才的融合为基础,但与城市相比,乡村数智融合难度仍然较大。以人工智能为例,全球人工智能热潮让科技企业纷纷加大投入争抢人才,在水涨船高的薪资待遇下,高校科研机构的人工智能人才纷纷流向企业。同时,由于科技企业自身所具备的海量数据与资源投入,能为人工智能人才提供数据基础和平台优势,进一步吸引了人才往大城市互联网企业流动。《人工智能顶尖人才数据图鉴2022》显示,人工智能人才有24%分布于北京,为全国第一;杭州在人工智能人才储备上仅次于北京,占有16.53%。北京、上海、深圳、杭州聚集了全国八成以上的人工智能人才,广大内陆和农村地区的人才匮乏问题非常严重。另外,“AI+农业”需要既懂数字技术又懂农业技术的人才,这样的高水平复合型人才更是少之又少。在此种背景下,高素质人才可能成为一种共享资源,在农村地区缺乏项目服务的情况下,依靠农村数智人才和技术融合推动数智乡村建设存在难度。

数字技术是农村金融数智化发展的支柱,在缺乏人口、产业和数字基础设施的情况下,农村数字金融的市场需求受限,难以依托市场形成农村数字普惠金融的智能化升级。融资担保机构的担保技术依赖于传统线下人工处理,难以嵌入大型银行的线上信贷审批流程中,更不用说直接利用相应的数据资源。部分中小银行在为农户提供融资时,虽然不要求农户提供相应的担保,但对核心企业(数字平台)的资质、担保等有一定要求。

第七章　数字金融与数智乡村建设融合分析

金融科技的普及为数智乡村建设提供了催化剂。发挥数字金融的优势，进一步发挥数字金融在乡村数智化转型中的作用，可以为乡村产业振兴提供合适的金融产品，提高资源配置的精准度，同时也是国际上公认的评价一国农村基础金融服务水平的核心标准之一。在数字乡村建设的大背景下，数字金融与数智乡村建设的融合有利于实现乡村振兴的创新突破。

第一节　农村金融创新机制的应用

一、数智乡村背景下农村金融创新的需求分析

数智乡村建设以数智技术和数字基础设施建设为基础，大数据、物联网、区块链、智能操作系统等技术平台的搭建对金融服务提出了更高的要求，需要政府、金融机构、科技企业和农民的多方配合，构建适应数智乡村建设需求的新的金融模式。

（一）资金需求规模大

数智乡村建设需要在“数字乡村”建设基础上，进行持续性的智能升级和改造。目前，在数字乡村的试点建设中，主要的资金来源仍是中央、地方财政资金，投入的建设内容为农业绿色智能化工程、农业农村生态环境提升工程、人居环境优化工程等。除财政资金外，还鼓励农村集体经济资金和社会资本投资，引导多主体、多渠道供给的数字乡村融资渠道来源。数智乡村的资金投入主要包括以下几个方面：

一是技术基础、基础设施需求。数智乡村的技术基础不仅局限于农业信

息化和互联网技术,还需要对人工智能、区块链技术、大数据、物联网技术等新基建进行持续性投入。大数据投资的成本主要包括购买设备、购买软件、建立系统等,而数智乡村基础设施的要求为建设乡村数智操作系统。在数智乡村建设方案个性化定制阶段,对资金的需求量大。

二是产业数智化建设资金需求。乡村产业数智化是现代乡村建设的最重要一环。产业数智化依托产业链协同,通过智能信息平台,整合农业产业链上下游,解决产业链整体的供需匹配问题。而产业协同的实现需要开发新的数据平台和软件,将整个产业链运营数据纳入平台,平台研发投入是基础。

三是乡村治理资金需求。数智乡村治理以网格化、信息化服务管理平台为基础,通过划分乡村网格区域、信息化管理的方式实现"线上线下连通"的管理目标。依托政府公共服务信息系统,建立互联网便民服务中心,将基层各项数据进行统一采集汇总,形成乡村基础数据库,为党建、土地流转、产业发展等提供有力的数据支撑。乡村治理资金的需求集中在乡村基础数据库和管理平台的建设。

四是乡村生活智慧化建设资金需求。乡村智慧生活场景涵盖教育、医疗、消费、环境维护等领域,通过智慧乡村平台能实现信息共享和资源整合,为村民提供多样化的消费选择,从餐饮、娱乐到购物和医护服务等满足村民的需求。乡村生活智慧化建设的资金投入主要为智慧生活平台建设和连线终端设备投入。

(二)信贷产品组合需求

数智乡村的推进过程是传统农业向规模化、专业化农业生产的转型。新型农业经营主体以集约化规模生产为主,在技术升级、大型设备采购、数值化平台搭建时需要灵活的资金支持。在农业供应链体系,以中心龙头企业为基础,进行上下产业链的个性化信贷产品供应,能够更好地服务农业产业化需求。如图 7-1 所示,以农业种植养殖为例,银行与农业种植、养殖的龙头企业建立贷款合作,按照生产、建设笼舍与大棚的资金需求,为其提供分期融资服务,同时以这类上游企业需要回收的应收款作为抵押,为其下游农产品加工企业提供担保融资产品,用差异性贷款产品满组整条农业产供销产业链的资金需求。

在信息技术应用的基础上,农业供应链金融可以通过优化资金流动,提供灵活的信贷产品,加快上下游企业的资金周转速度,降低运营成本和风险。与数智乡村的农业生产场景相匹配,核心企业主导型供应链金融和大数据型供应链金融的融合可以优化农业供应链金融的服务效能,支持供应链金融的风

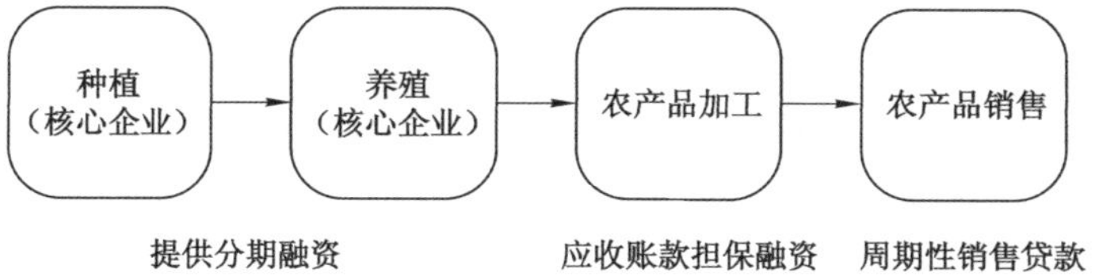

图 7-1　种植养殖场景信贷产品需求

险评估、定价和监督等整个过程，帮助农业企业和农户实现更加精准和高效的融资。

（三）服务智能化需求

数智农业发展离不开人工智能的支持，农业机器人、智慧农业系统的应用需要金融智能化服务的配套。农业金融服务的智能化应用需求体现在三个方面：一是农业金融产品的评估。借助大数据和 AI 技术，金融机构可以更加精准地评估农业项目的阶段性风险和融资需求，为农业企业或农户提供个体适配性强的金融服务方案，同时为其提供市场需求建议和价格预测，帮助农业企业更好地进行风险控制。二是农业服务便捷性。在金融科技为农村地区用户提供支付、金融交易便捷性的同时，金融服务智能化还体现在融资、结算需求的预测和自主管理上。在数智乡村建立较完备的数据库基础上，通过数据融合分析，分解农村用户的金融服务需求，实现终端服务的远程推送，提供更加便捷的资金结算、金融交易和智能预测。三是农业金融创新产品的推动。在数智乡村不同场景建设的推动下，会产生越来越多的金融产品创新需求，如创新农业保险产品、多元化组合贷款产品、个性化融资等。在数智乡村建设的推动下，金融服务智能化的需求也会进一步推动农村金融科技的发展。

二、制度融合

数智乡村融合数字时代具有鲜明的开放性和互动性，使得农村金融创新必须依托顶层设计实现机制创新。

（一）政策法规

2022 年是中国金融科技政策法规频出的一年，《金融科技发展规划（2022—2025 年）》《金融领域科技伦理指引》《数据出境安全评估办法》等政策的出台，为金融科技和数字金融的发展提供了政策法规基础。在 2022 金融街论坛年会平行论坛“数字新基建”的会议发言中，中国社会科学院法学研究所所长莫纪宏介绍了金融科技法治研究中心探索完善数据合规管理手段和机制,形成金融科技数据合规管理工具的相关实践成果。他表示,未来将在金融科技数据合规管理方面不断探索,推动相关法律法规和政策标准落地实施。中国人民银行也依据《中华人民共和国国民经济和社会发展第十四个五年规划和2035年远景目标纲要》印发了《金融科技发展规划(2022—2025年)》,提出新时期金融科技发展指导意见,明确金融数字化转型的总体思路、发展目标、重点任务和实施保障。证券期货业也提出了《证券期货业科技发展"十四五"规划》,对证券期货金融基础设施提出"云、网、库、链"一体化建设要求。金融标准从理论和规范上为金融科技提供了基础性支撑,是一种重要的金融基础设施,也为数智乡村的金融应用规范化提供了制度基础。

(二)监管规定

随着互联网金融风险整治工作的推进,从2018年开始,金融科技行业就面临着"严监管"。金融行政执法趋于严格,金融科技基础设施建设取得重大进展的同时,金融行业技术规范制定有不少新突破。2019年8月,中国人民银行出台《金融科技(FinTech)发展规划(2019—2021年)》,在强化金融科技监管方面,提出建立健全监管基本规则体系,加快推进监管基本规则拟订、监测分析和评估工作,探索金融科技创新管理机制,服务金融业综合统计,增强金融监管的专业性、统一性和穿透性。2020年,中国人民银行发布《中国金融科技创新监管工具白皮书》,建设了统一的管理服务平台,并含30多项监管规则、引入辅导机制,对金融科技和数字金融的应用进行了规范。在2020年以前,监管部门主要针对非金融机构领域的互联网金融乱象进行整治;2020年之后,监管以防范金融机构经营风险和保护消费者权益为主要目的。2023年,中国人民银行发布的《中国金融稳定报告(2022)》中提到:加快监管科技的全方位应用,提升监管智能化、远程化、实时化水平,增强对中小银行的监测管理能力;对金融科技创新实施穿透式监管,实现风险监测管理"看得懂、穿得透、控得住、管得好";出台针对金融科技公司的监管政策,筑牢金融与科技的风险"防火墙"。这个阶段金融科技监管一系列政策法规的出台,均有利于规范金融科技的发展方向,推动金融科技的可持续发展。

(三)自律规则

在部门监管的基础上,金融机构和互联网金融企业也积极出台金融科技应用的自律规则。例如,规定互联网金融企业自身应当打击诱导性营销,加强风险提示和投资者适当性管理;小微商家贷款平台应当积极引导用户合理使用资金，防范小微信贷资金流入股市、楼市等；消费信贷平台应遵循“适当性原则”进行额度授信，不对未成年人放贷，不对偿还能力低的群体发放超出基本生活所需的额度；第三方互联网平台应重视金融伦理，主动承担起金融教育的责任，帮助用户提升理性消费意识和风险防范能力，严禁违背公序良俗的金融营销内容。2023年6月，中国金融认证中心（CFCA）、成方金信、中国工商银行等十余家单位共同研究编制了《金融数据应用自律公约》，明确了金融数据应用的原则、适用范围，从依法合规、数据保护、数据治理、绿色金融、普惠金融、数据赋能、人才培养等方面提出自律要求，对当前大数据“杀熟”等因新技术应用带来的社会不良现象进行约束，对金融消费者信息过度采集与不当使用进行防范。金融科技实施部门自律规则的出台，有利于促进个人信息保护和金融数据安全。

三、模式融合创新

在农村金融创新机制的应用方面，近些年来，各金融机构积极推进农村金融组织创新、产品创新和服务创新，探索形成了一批符合现代农村特性的模式，在很大程度上缓解了农村贷款难的问题，从资金支持的角度，加快了农村产业化进程发展的速度。

（一）供应链数字普惠金融

供应链数字普惠金融以农业产业链为基础，以产业链上下游的龙头企业为融资主体，打造农业综合服务生态圈，为农业生产上下游企业提供贷款、担保、投资理财等金融服务。供应链数字普惠金融尤其适用于具备产业经济发展基础和农业产业链优势的农村地区，其核心业务平台能够融合数据、电商、金融领域，在数据平台基础上，实现农业种植、养殖原材料供应、农产品生产加工与销售的全产业链金融服务，融合产业链各企业的数据，打造产业链的互联网金融生态圈。数字普惠金融模式与农业生产产业链的融合，能够更好地适应数智乡村农业产业现代化的发展模式。

（二）农村互联网金融模式

农村互联网金融模式是“互联网＋农村金融”的融合模式。与传统农村金融服务模式不同的是，互联网金融模式以互联网为载体，利用大数据、云计算、物联网等新技术，通过线上申请、操作、审核，对贷款申请人的材料进行处理，实现线上、远程信息处理，完成农民、农业企业主的融资、贷款等业务需求。该模式的创新点主要体现在三个方面：一是覆盖面广。互联网金融克服了传统金融机构展业成本高昂的弊端,减少投入成本。二是门槛较低。互联网金融不需要农民的抵押物,农民省去了烦琐的贷款程序。三是快捷灵活。互联网金融可以使农民足不出户,只需要智能手机就可以选择办理相关金融业务,节省了大量时间。农村互联网金融模式从微观层面上可以发挥金融服务于农业的作用,增加农户经营收益,激发农村各类经营主体的生产积极性;从宏观层面上可以加快农村产业结构的调整转型,促进乡村经济实现绿色、健康和可持续发展。

(三)农业保险信息化模式

农业保险是农村金融服务体系的重要组成部分,农业保险的数字化转型主要是利用人工智能技术、区块链技术,通过手机连接外置摄像头,智能采集相关数据,实现承保、理赔的精准、高效处理。数字技术与农业农村经济深度融合为主攻方向,也是推动农村经济健康发展的重要保障。农业保险的数字化融合主要体现在农业保险产品的线上融合。参保农户可通过保险公司电话、手机 App、微信小程序等多种方式,实现线上投保信息采集、标的查验、保单签发、出险报案及赔款支付等全部功能,解决了以往承保理赔过程中农户需反复提供材料、多次到现场签字、纸质保单难保存以及养殖险理赔"入舍查勘难"等问题。在承保环节,系统可以自动带出历史承保资料,农户仅需手机反馈一次验证码即可完成全部投保流程,从缴费成功到收到电子保单最短耗时不超过两分钟。在理赔环节,养殖险农户可选择通过保险公司 App 或微信小程序进行线上全流程自助理赔,无须等待查勘员进入养殖场舍内部,并可实时查看理赔进程,平均理赔时长较传统服务模式缩短近 50%。

四、金融机构服务创新

金融服务创新是数字时代金融机构立足市场的重要力量,尤其是数字化服务创新。越来越多的金融业务由线下转为线上,在提高服务效率的同时,逐步改变金融机构的业务形式。

(一)服务形式创新

为减少金融服务的城乡差异,提升农村地区金融服务效能,金融机构在金融服务形式上进行的尝试主要包括以下几个方面:一是建设基层金融服务体系。和地方政府建立合作关系,推进信用村农户普遍授信工作,将有意愿、符合评估条件的农户评为信用户,为其提供无担保、无抵押、纯信用的线上贷款,以及开户绑卡、手机银行等配套综合金融服务。二是建立农户普遍授信流程。

在传统农村信用体系基础上改变工作思路，简化作业流程，建立农户普遍授信流程。三是建立农村内外部数据资源库。银行按照“内部挖掘＋外部对接”的思路，充分利用内外部数据资源，根据客户的历史贷款和用款情况、还款表现、信用评分等因素形成相关名单，用于辅助信贷客户经理精准评定和服务信用户，提升农户普遍授信效率。四是创新农户普遍授信贷款产品。采取“简化核定、随用随贷、动态调整”的方式，向农户提供小额信用贷款，不间断实行创新服务宣传，不断提升农户的信贷服务体验。

（二）服务主体创新

随着普惠金融的深入推进，农村基础金融服务的覆盖面已大大增加，在数字乡村、数智乡村的建设需求背景下，农村金融服务在新时期面临新的挑战。面对数智乡村建设涉及的农村普通储户、小农户、数字农业经营主体、互联网企业、科技及人工智能企业等不同主体的差异化需求，需要金融服务主体多元化来满足多层次金融服务需求。例如，政策性银行可在完善农村数字基础设施等重点领域发挥骨干作用；国有大型银行可依托金融科技来提供低成本的金融服务；中小银行、村镇银行则应发挥支农支小的定位，利用网点优势和对区域特色的充分了解，提供更具有针对性的服务。此外，随着农产品期货与农业保险的组合模式日益受到重视，信贷之外金融产品的重要性也在增强。各类保险、证券、基金、期货、债券等金融资源也应聚焦于服务乡村振兴，不仅追求首单产品的“创新效应”，而且更要脚踏实地为相关主体提供切实的金融服务。

（三）服务载体创新

金融服务的载体主要是金融工具、金融产品、网络及各种电子设备。金融机构主动对接乡村振兴主体的金融需求，探索设计符合“三农”发展特点和数字乡村建设的金融产品和工具；积极利用大数据、通信和互联网等金融科技手段挖掘县域市场，打造线下线上融合的金融服务链条，惠及当前尚未触及的潜在客户；围绕乡村特色产业，摸底不同产业的差异化、个性化金融服务需求，积极为特色产业定制专属服务方案，灵活配置产品要素，提供“线上化＋数字化＋自动化”的产业贷服务；通过平台建设，将金融服务嵌入各类农业农村生产生活场景，引入各类场景数据资源，构建产业数字化风控体系，推动产业链金融服务从“线上化”向“自动化”转变。同时，商业银行还将场景数据融入贷后管理，持续丰富贷后监控模型，利用大数据技术开展常态化、周期性贷后情况监测，推动实现贷后自动化管理。

第二节　数字金融驱动数智乡村建设的成效分析

传统金融服务农业农村经济发展面临的问题主要在于农业农村金融服务的供需错位、金融供给成本较高、农场金融市场可持续性不足等问题。数字技术的广泛运用为农村金融服务乡村振兴提供了便利条件,数字普惠金融是金融服务乡村的重要推动力量。

从直接影响效应来看,数字普惠金融可以通过资金借贷、金融服务直接作用于乡村产业、文化、生态、治理、提升农村人口的生活水平等方面,进而推动乡村振兴。农业农村部的数据显示,过去 11 年来(8 年脱贫+3 年巩固脱贫),相关领域的小额信贷投入为 9 250 亿元,惠及 2 297 万农户(含重复享受政策的农户),而逾期率只有 0.5%;2015 年建立全国农业信贷担保(体系)以来,8 年累计提供担保超过 1.08 万亿元,主要惠及农户为新型经营主体(区别于一般农户),其间代偿率为 1.4%;自 2007 年开始推进农业保险,16 年间农业保险保费收入为 4 700 亿元,理赔 3 400 亿元,赔付率达 72%。农村金融市场具有较大的市场潜力,创新机制推动是农业农村普惠金融服务落地的重要推手。从金融机构实施的数字普惠金融实践来看,数字普惠金融的实践成效主要体现在以下几个方面。

一、科技力量推动乡村产业兴旺

各大银行纷纷应用金融科技为农村用户提供"三农"智融服务,采用"公司+农户+金融"模式,通过建设和维护信息科技系统连接农业产业链的企业,为农户提供一站式融资、支付、结算等综合金融服务,持续打造数字普惠商业模式,形成了涵盖营销、产品、风控、运营和人员管理的数字普惠体系。其中,移动业务平台和线上贷款的落地实现了农村金融业务数字化升级,保证了金融机构线上产品与线下业务的一体化,打通了农村金融服务的"最后一百米"。

在金融业务营业方式的数字化改革方面,不少银行进行了"线上线下一体化"移动营销模式的新尝试,通过应用人脸识别、电子证书、电子印章、数字地图等技术,客户经理手持平板电脑,登门拜访县域农村客户,在线上就能实现信息采集、开户、进件、审批、贷后等全流程操作。一些银行专门针对"三农"客户,根据"整村推进"特定场景量身定做批量业务,小额贷款最快 15 分钟就能完成自动审批。通过大数据技术应用，缺乏完整信用记录的小微客户也能享受便捷高效的信贷服务。客户申请贷款、签订合同以及用还款均通过手机自助完成，平均3分钟就能完成审批和放款。

在融资管理方面，金融机构通过构建全线上数字金融服务，深入剖析农业产业融资需求，打造线上融资服务专属移动端App，提升金融服务的可得性和便捷性，同时与核心企业结合，在App端提供一站式物资供应、培训等综合化农业服务。一站式融资、支付、结算等综合金融服务，通过助力农业水平和规模化迭代升级，降低农业产业全链路企业成本，提高农户收益。

二、数字普惠金融推动乡村生态宜居

数字普惠金融通过资金引导作用提升乡村生态宜居水平。数字普惠金融通过引导资金流向低碳环保产业、低碳技术开发与应用，推动乡村地区产业绿色发展。

中国政府出台了一系列支持低碳农业发展的政策，如《关于加快发展农业循环经济的指导意见》《农业部关于实施农业绿色发展五大行动的通知》等。这些政策主要包括加强农业生态环境保护、推广绿色农业技术、提高农产品质量安全、加强农业科技创新等方面。财政部发布的《关于做好2023年农村综合性改革试点试验有关工作的通知》指出，2023年中央财政继续支持实施并启动新的农村综合性改革试点试验。其中，因地制宜发展品质优良、特色鲜明、广大消费者认可、能形成竞争优势的区域“金字招牌”，积极发展低碳农业、创意农业、智慧农业、农事体验、农旅融合，促进乡村产业深度融合发展。2023年的授信政策重点支持农业生产和农村生活上的绿色低碳转型，加大对现代种养业、乡村制造（含农产品生产、加工、制造、销售）、农田水利设施建设、农业科技创新等领域的信贷支持。

在绿色金融方面，金融机构积极开发多项绿色金融产品，并针对不同需求的农村客户群体设计与之匹配的金融服务模式，开发“绿色银行指数”，多维度考量绿色金融发展成果。在普惠小微方面，鼓励农村商业银行、村镇银行推出多类型普惠金融产品，为农户提供更加便捷、高效的金融服务。此外，通过政策指引，积极推动金融机构提供更多的绿色贷款和融资产品，吸引更多农村环保项目和可持续发展项目；通过建立智能风控系统、开发的移动金融应用程序等，更高效地为客户提供服务。持续深化银行对农业龙头企业，特别是绿色产业龙头企业的支持力度，积极深化“银行＋龙头企业＋经营主体”经营模式。设立“绿色通道”，优化审批流程，实现乡村振兴各项贷款投放倾斜，为重点产业农户提供切实有效的金融帮扶。

三、推动农村人口回流

从创业机会看,数字普惠金融有利于推动农村数字经济的发展,数字经济的发展会激发消费者的多样化需求,为农民创业带来新的市场机会。在数字经济时代,消费者需求向高级化、个性化、小众化升级,消费场景从线下市场向线上平台延伸,消费者也由以往的市场价值被动接受者演变为主导者。这带来了需求侧各环节的深刻变革,成为创业活动开展的市场基础,也为农产品的生产带来新的市场机遇。从创业能力看,数字经济发展推动了数字技术的广泛应用,为获取信息、资金、社会资本等重要创业资源提供了新路径,有助于提升农民的创业能力。从创业动机看,数字经济具有较强的社会互动性,有助于加强创业成功形成的示范效应,增强农民的创业动机,从而提升群体的收入水平。

数智乡村的建设目标之一是提升农村居民的整体收入水平,解决农村人口流失的问题。数字普惠金融凭借独特的数字化、智能化技术能力实现金融包容性增长,有效促进地区经济发展,地区经济整体发展促进乡村振兴的繁荣。数字普惠金融凭借其高信息处理效率、多元化服务范畴等优势降低了农村地区的金融服务门槛,使金融服务更加简洁、高效,减弱农村地区的金融排斥问题,带动农村地区就业创新发展,拓宽农村地区居民的收入来源,提升农村居民的收入水平,同时通过便利的金融产品模式刺激投资和消费,从而推动了经济发展。而经济发展水平高有利于提升农村地区的金融繁荣程度,金融繁荣程度高的地区更易吸引技术、人才与各项资金资本的流入,同时,较好的经济发展水平促使农村地区扩大产业规模,优化资金配置,从产业发展和金融发展方面提高了乡村振兴水平。

从产业人才振兴角度看,数字普惠金融的数字技术可以有效促进农村地区培育新兴产业,从而建立健全农村的产业结构。数字普惠金融使得网上银行更好地扎根于农村区域,指导和鼓励民营资金进入农村,资金的流入吸引和助力新兴产业和年轻企业落户当地。此外,产业结构的优化升级促使更多第三产业在农村地区发展壮大,有利于农村地区产业建设向第三产业转型过渡,使更多农村居民从事高收入行业。从农产品生产转到加工,从田间地头的农业耕作转到发展乡村旅游,这一转变不仅显著提升了农村地区的经济收入水平,同时有效改善了农村地区的就业率。

第三节　数字金融驱动乡村振兴的国际经验

从国际范围来看，数字普惠金融是金融机构服务农村的主要手段，从国内外的数字金融推广案例可以看出目前各国数字金融的发展动向。

一、美国模式

2018年，美国农业部推出了ReConnect计划，迄今为止已投资超过1亿美元，用于未服务的农村地区和部落土地扩展高速宽带基础设施。2017—2020年，美国国际开发署提出《农业数字金融使用指南》，期望应用数字金融的技术平台帮助解决小农户面临的缺乏金融服务和便捷的支付系统的问题。

如果没有包容性的市场体系，小农户必须依靠拥有有限的储蓄来投资农场、教育和其他家庭需求，导致生产力下降、持续的收入不平等和经济增长放缓。数字金融服务可以帮助解决价值链中特定的长期挑战，特别是那些需要金融服务解决方案的挑战，以及传统金融部门无法完全满足农村市场需求的挑战。数字金融提供了一种扩大对正规金融系统的访问（通过银行监管机构监督的基本交易账户）的方法，利用数字和移动电话基础设施的快速增长以及无分行银行业务（提供在传统银行分行之外进行交易的能力）增加农民收入。

美国的农村发展分为三个主要方案：农村公用事业服务、农村住房服务和农村商业合作服务。农村公用事业服务局（RUS）成立于1936年，旨在为大萧条期间的农村社区供电。农村住房服务局（RHS）通过向个人购房者提供贷款、直接租金补贴以及向在农村地区建造住房的开发商提供贷款来支持负担得起的农村住房。该方案占农村发展赞助担保和直接贷款的最大份额，并设有社区设施方案，为建造或维护保健诊所等基本设施提供贷款。然而，尽管RHS在农村政策中发挥了主导作用，但它是农业法案之外的众多计划之一，说明了农村计划的分散性。农村商业与合作发展局（RBS）向中小型企业和潜在企业家提供小额贷款，为它们的扩张提供资金，目的是创造就业和创新。此外，农村商业与合作发展局还实施了一项计划，向企业和农场提供贷款，以安装节能或环保装置。该方案为当地企业提供了重要的支持，这些企业越来越多地将连锁折扣店和“大卖场”商店挤出农村社区。

在金融科技的融合实践中，美国农村地区企业越来越多地采用在线工具和数字服务，增加农村和受排斥社区获得资金的机会。例如，让农村银行服务更具可持续性。借助数字工具，金融机构可以更轻松、更经济、更高效地为农村群体提供服务，为农村群体设计创新服务。数字服务能够收集有关农村客户的财务需求和习惯的数据，并设计新的解决方案以更好地为被排斥的群体服务。

二、日本模式

与美国较为丰富的农产品电商层次不同，日本农产品数字化发展起步较晚。2017 年以来，大地宅配、原叶等电商平台仿照美国 CSA 开发出适合本土农产品和有机农业的线上对接系统，逐渐形成“线下参观、线上订单、风险分摊”的多元化、数字化精品农业销售模式，以平台为核心构建与农协平行的“农户＋消费者＋社会服务”系统。此外，日本的农业生产也积极引入机器人生产模式，机器人农场中的 AI 农机人拥有高精度的农作物感知能力，可以通过计算机视觉对不同的作物进行识别和分类。同时，它们能够实现自主行走、喷药、侵入害虫巢穴进行消毒和保洁等任务。这样一来，相对于传统的农业模式，机器人农场无须过多依赖人工劳动力，降低人工成本并提高生产效率。

在数字金融赋能乡村建设方面，日本构建了金融管理和农产品数据的双向连通系统。出于农户和日本消费者注重隐私的特点，日本农业部门无法通过搜集农户和消费者的经营数据实现信贷指引。虽然早在 20 世纪 80 年代日本就已经开始对农产品的生产销售全过程进行了数据采集，具备追踪产品产地和质量的能力，但由于农产品信息在经销阶段固化为产品属性并具备信息回溯能力，该模式容易造成下游部门无法向上游部门反馈市场信息的情况。随着金融科技的快速发展，特别是农协要求配备驻村信息技术（IT）专员后，基于物联网的数字农业管理发生了较大变革：一方面，农户可以从消费终端接收到农产品销售数据反馈，通过分析反馈信息调整下一年度生产规模，如山梨县、长野县定期发布葡萄交易流程数据，细化市场对品种、甜/酸度和包装等属性的偏好，并给出对栽培规模、环境和技术的详细建议；另一方面，政府农业补贴和金融机构信贷支持均参照电商物联大数据分析结果进行调整，以经济手段鼓励农户引入新品种、新技术，合理优化产量和劳动时间在不同产品间的分配。

在金融科技服务方面，日本主要采用金融科技公司与农业开发共同合作，共同开发集约化、精品化的农业支持模式。金融科技公司为农户搭建物联网络的可视化平台，消费者在家中就可以看到生产过程。平台将农户形象和产品形象卡通化，按实际经营规模的千分之一到千分之四设置线上农场，对接真实的物联大数据。消费者可以通过线上操作投入资金并参与生产管理，最终获得消费抵用券或参与线下采收，数字农业风险被分散至数以千计的线上会员。同时，线上采购的质量控制模式(B2Q)不断完善，金融科技公司为农户采购农机具并提供统一的第三方鉴定，运用市场数据建立动态农资采购模型，优化不同规模农户的投入结构，尽可能消除非系统风险。在社会化服务体系领域，金融科技公司主动联合农产品物联数据机构和数字农业平台搭建产销对接情境，邀请地方明星、龙头企业、民俗专家和优秀匠人推荐农产品，将产地、品牌、品种优势具象化并与生活态度、婚丧传统和品质标准相联系，拓宽销售渠道，用流量带动农产品线上展示和抢购场景。

三、欧洲模式

欧洲数字农业模式中，仓储和运输风险主要由平台方承担，继而转嫁给终端消费者。目前，德国正致力于发展更高水平的“数字农业”。德国各项政策中明确涉及“数字农业”的主要有三项，即欧盟“农场到餐桌”战略(F2F)、德国2035土地耕作战略和德国国家生物经济战略。德国采用农户与数字农业平台智能匹配的模式，减少产销信息不对称造成的食品安全问题。一方面，德国政府对农业信息化投入巨大。农业部门设立三级农业信息服务中心，向农业经营者、农业企业和涉农服务业免费提供数字农业市场信息；智能手机、移动支付、高速宽带等业务均被纳入农村基础网络设置建设，农户能够以极低的价格购买或租用智能设备；地方政府和农业协会引导金融业务非营利化，农业贷款有17%的政府补贴和20%～30%的金融机构优惠，农场主可通过申请初创农产品加工企业而获得贷款免息。另一方面，德国对农产品监管非常严格。德国商务促进委员会指定并执行农产品电商标准，每年对农户和农业企业进行考核并发放“信任标记”，未获得该标记的农产品无法进入线上平台交易并限制生产和消费信贷额度。处于市场弱势地位的线上平台会引入金融科技公司分析市场数据并预测农产品产量和质量，向具有较好市场前景的特色农产品生产者提供支持资金和价格保障，签订采收合约。

据英国政府网站数据显示，截至2022年11月，英国超过72%的场所都能够接入千兆宽带，帮助广大乡村地区弥合数字鸿沟。同时，开展相关数字能力培训，为老年人、求职者等进行适应性培训，以提高当地人对互联网的使用技能，帮助他们更快进入网络时代。英国数字农业平台风险主要来自三个方面：第一，季节性采收的农产品在仓储过程中存在损耗，集中仓储的单位成本较低，但与线下超市、消费者距离较远，从而增加货运和冷链投入；第二，农产品线上销售的退货损耗较高，退货商品应避免原仓库存储并降级认定，即与原标准商品分开存储或选择进入线下橱窗；第三，采用阿米巴（Amoeba）模式构建的社区电商服务部门缺乏跨区域运输的能力，特别是针对冷鲜农产品的远程运输，造成结构性的供求错配。针对上述问题，包括 Ocado、FOL 在内的多家农产品电商企业与金融机构合作，将跨区仓储和运输流程金融化。数字农业平台引入金融机构，广泛吸纳第三方服务企业共同创新大物流金融场景。与平台及社区电商服务接触的仓储运输服务企业和线下商超门店可根据订单数量和服务等级获得相应授信，从而提升线上平台的线下资源整合能力，加快数字金融与乡村发展的融合步伐。

第八章　数字金融推动数智乡村建设的创新路径

乡村普惠金融已成为市场失灵的典型领域，传统金融模式无法解决这一问题。数字普惠金融运用数据化、智能化和网络化的信息技术，快速覆盖客户，边际成本低，能在政策性金融支持下以较低利率持续向乡村区域提供便捷的金融服务，助推乡村产业高质量发展。数智乡村建设与金融服务的融合，可以实现数据共享、业务高效协同，实现金融服务数智乡村建设、数智乡村推动农村数字普惠金融发展的双向作用。

第一节　农村数字金融生态建设

提升农业农村的现代化水平，需要健全农村现代金融服务体系，促进传统金融与数字技术的深度结合，全方位提升数字金融在推动农业农村发展中的作用。数字金融生态建设能够利用海量信息，开展多维度数据分析，挖掘交易双方的履约能力、履约意愿等信息，更好地发挥对农业农村发展的促进作用。

广义上的金融生态环境是指与金融业生存发展具有互动行为的社会关系、自然因素的总和，包括政治、经济、文化、人口等与金融业相互影响的各个方面。数字金融“生态”指的是一种技术生态，是以技术体系为基础的动态经营市场体系。随着金融科技的快速发展，金融产品和服务不断推陈出新，面向全场景的金融服务快速发展，重塑了金融行业生态和业务形态，以智慧、开放、共享、敏捷、融合为主要特征的数字金融生态正在形成。通过金融科技赋能，创新金融产品和服务模式，建立面向数智乡村场景、全天候、多平台的数字金融生态，能够在推动金融机构数字化转型升级的同时，支持乡村数智经济的发展。

一、完善农村数字金融的政策环境

随着数字普惠金融的迅速发展,人们普遍享受到了其带来的便利性,尤其在支付、理财等方面。传统金融在发展的过程中仍存在城乡的差异性,而数字普惠金融的发展突破了地域、成本的限制,能够在很大程度上弥补传统金融服务的短板。

(一)优化对金融机构的数字金融支持政策

在优化农村金融机构的支持政策上,制定相应的优惠政策,健全政府投资与金融、社会投入的联动机制,通过有针对性的金融措施为农村数字金融业务提供支持。在农业贷款领域,对商业银行的农村数字金融业务投入和农村金融机构的数字普惠金融业务实施相关激励政策,并注重地区差异化金融信贷管理。特别是目前数字乡村的建设仍处于初级阶段,数智乡村的建设也是以符合条件的试点乡村的点状建设为主,对于发展较为迅速的地区而言,由于其本身金融业务发展较为迅速,所以数字普惠金融的边际效益较低。因此,鉴于数字普惠金融的发展对于缩小城乡收入差距具有显著的溢出效应。在推动数字普惠金融不断发展的过程中,应当因地制宜地推行数字金融支持政策,并注重与周边地域协同发展,共同促进城乡收入差距的缩小。用好差别化存款准备金、差异化金融监管和考核评估等政策,推动金融机构增加乡村振兴相关领域的贷款投放,重点保障粮食安全信贷资金需求。在金融服务范围领域,要加大对农村数字产业经济的金融服务支持力度,并制定优惠政策、措施帮助数智乡村拓展金融机构的投资来源,通过数字化金融服务进一步降低农村金融机构的金融服务成本,扩大农村金融机构的金融服务范围。

(二)数字化手段助力农村的担保政策

针对农户、农村中小企业因抵(质)押难而不能获得贷款的难题,在积极拓宽农村地区抵(质)押物范围的同时,为数字化信贷产品制定相应的优惠担保政策。为适应乡村数字化进程的发展,创新思维、转变观念,以市场化、多元化发展为基础创新农村地区金融机构的信贷产品,进一步扩大农村地区抵(质)押物的范围。通过实施专项金融债和抵押补充贷款的措施加大对金融机构的支持力度,保障安居工程、数字乡村建设的顺利推进;通过数字普惠金融政策促进农村地区的经济发展,提高农户及农村中小企业的经营收入;通过创新农村地区信贷产品的担保模式,对农村地区的担保体系进一步完善;通过数字化转型，逐步降低涉农业务的运营成本和风控成本，让利于农；通过扩宽担保业务服务半径，深入乡村基层提供担保服务，提高广大农业经营主体担保贷款可得性。

（三）多渠道普及数字普惠金融政策

除了广播、报纸、新闻、杂志等传统媒介外，还应当采用微信、抖音等乡村用户基数大的社交平台长期对数字普惠金融政策进行多方位的普及。针对现代乡村的建设需求开展专项培训，对信贷资金产品、数字金融普惠相关产品的应用进行宣传。金融机构既要通过微信、抖音、微博等社交软件传播数字普惠金融政策的方式开展线上活动，还可以通过在营业网点开展数字普惠金融政策讲座、发放相关宣传资料等方式开展线下活动，让农户和农村中小企业熟悉数字普惠金融政策，熟练掌握互联网金融软件的操作，提升农村用户的金融素养。可以设立数字普惠金融改革试验区，完善普惠金融服务平台搭建，针对地区特色推出绿色金融、农业普惠金融等服务的相关优惠政策，在加快推进数字技术的同时合理布局乡村的实体网点，以此弥补“数字鸿沟”问题。

二、运用数字金融助推农村数字经济发展

通过现代信息技术的广泛应用，农村普惠金融服务的可得性、便利性不断提升，移动支付业务较快增长。截至 2022 年 6 月，我国农村地区网络支付用户规模达到 2.27 亿。2021 年，银行业金融机构、非银行支付机构处理的农村地区移动支付业务分别达 173.7 亿笔、5 765.6 亿笔，同比分别增长 22.2%、23.5%。银行保险机构优化传统金融业务运作模式，提供适合互联网场景使用的多元化高效金融服务，增加对广大农户、新型农业经营主体的金融服务供给。

数字金融创新可以从产业层面上作用于农业数字化转型。早期的农业数字化主要聚焦于生产环节的特性，属于产业链上游生产方式的革新。随着数字乡村、数智乡村建设的逐步深化，数字农服应用场景的拓展进一步加深。农业产业的数智化转型不应局限于生产环节的数字化辅助决策和智能管控，而是应该加速对传统农业各领域、各环节的全方位、全链条的数字化改造，真正实现产前、产中和产后的深度融合。首先，数字金融科技能够帮助金融机构有效识别农户的经营画像，努力降低交易成本和违约风险，推动资本要素下乡。其次，应用数据的溢出和乘数效应能提高农户的知识技能水平，特别是数字技术应用的知识和技能，为改善传统农业生产信息要素缺乏的软环境奠定良好的人才技能基础。再者，提升数字金融的业务能效，推动数字化平台促进农业生产资料和农产品的产销对接，实现农业从田间到餐桌全过程的品质追溯。

构建良好的金融生态圈,实现多方协同发展,使数字金融,尤其是农村数字普惠金融成为数字乡村建设的助推器。进一步发挥移动技术驱动支付普惠的作用,推进农村电子商务拉动信贷普惠、代理网络推动渠道普惠、数据征信推动信用普惠的工作。通过强化多方协作,实现数字普惠金融与农村经济综合信息中心的信息互通,将商业保险、政策性保险、政府数据中心、扶贫办、社保和新农合等机构的数据进行融通,成立数字普惠保险服务信息中心,支持农村普惠保险业务的发展。此外,通过发展产业链和供应链金融,促进乡村产业振兴,从而为数字普惠金融提供持续内生动力,强化数字普惠金融的供给能力,构建高质量的现代化乡村数字经济体系。

三、完善农村信用环境建设

农村信用体系建设是优化和改善农村金融生态环境的必要前提。为推动数智乡村建设,需要在完善数字普惠金融发展的硬件条件的基础上,推进乡村信用体系建设,提供良好的软件环境。利用不同部门掌握的金融大数据,建立全国统一的普惠金融征信数据平台,并形成强有力的支撑体系。加强与电子商务、物流平台的合作,收集整合各部门的金融相关数据,打造社会信用共享平台。完善农户信息共享,让数字普惠金融不断对农户进行精准画像。根据农户的家庭净资产、年纯收入、生产经营项目、经营能力、偿债能力、信用记录等相关信息,建立相关的电子档案,并依据专业评分标准客观认定信用等级。

通过建立统一、有效的征信基础数据库,实现不同平台之间的对接与数据共享。运用数字科技手段,创新数字普惠金融的应用模式和风控手段,突破农户征信数据积累不足等诸多瓶颈。利用数字技术完善普惠金融征信平台,可以促进普惠金融工作有效推行,减少普惠金融中存在的不公平现象,降低违约风险与交易成本。通过涉农征信平台建设,不断优化数字普惠金融生态环境,积极引导信贷资金合理分配,为农村地区提供更为专业的金融服务,并针对农村信贷主体制定更加细化的抵押品要求,能够缓解农村群体面临的信贷约束。

第二节　提高农村数字金融产品的供给效率

数智乡村是数字乡村的"进阶版本",信息基础设施落后、数字人才短缺、发展资金不足等问题,是导致数字乡村建设面临着重重困境的主要难题。数智乡村建设对大数据、人工智能的投入需求更大。为了更好地满足数智乡村的建设需求，金融机构的信贷支持和数字金融产品设置将发挥重要的推动作用。

一、打造数智乡村金融业务中台

以农村产业发展为主体，为数智乡村各场景投资人构建金融业务中台。在营销层面，中台建设围绕数智乡村建设需求，打造全客户、全渠道融合的营销中心，为数智乡村投资企业、乡村产业投资人、种植养殖农户、农民提供相关金融产品推荐、客户营销、客户画像、客户关系管理等营销服务，拓展农村金融市场。在融资服务层面，以产品为中心打造融资服务体系，构建客户评级、授信、用信、担保、产品和风控等共享服务中心，探索建立数智乡村场景适用的信贷产品的快速研发和投入使用流程。在运营管理层面，建设集中化、共享化的运营管理体系，尤其是在乡村数智管理平台建设完成后，实现双方管理数据融通；建设运营中心，为前端服务提供一体化的运营服务支持，有力提升运营管理化集约水平。在风控层面，建立资产负债管理中心，实现资产和负债的统一管理，做到量、价、险的平衡；打造统一风控中心，强化全流程、一体化风险管控体系建设。

通过“金融＋科技”深度融合发力，将金融服务嵌入数智乡村所有场景的活动链条之中，以多种渠道、多种方式扩展金融服务边界。通过将金融服务深度融入 G 端、B 端、C 端相关场景，建设全客户、全渠道、全领域、全场景、全服务的乡村数字金融生态体系，支持随时、随地、随需的无界、无感金融服务。依照数智乡村的建设目标，将定制化、智能化的金融服务融入乡村数智化建设。

二、创建面向数智乡村场景的金融产品和业务模块

（一）创新数智乡村金融产品

金融机构要将生态体系建设融入数智乡村建设的发展战略，结合自身资源禀赋和科技实力，面向乡村数智化建设投资主体，建立客户和产品的连接闭环，根据乡村数字农业需求，为乡村数智化建设的创新场景、创新客户提供创新的金融服务模式和金融产品，推动交易的撮合和支付的集成，打造数智乡村综合化、一站式金融服务。通过数智平台收集的相关数据，沉淀 B 端与 C 端大量结构化和非结构化的行为数据，形成丰富的数据资产，在智能数据分析的基础上，不断迭代、开发和创新金融产品，并在渠道、运营等方面进行深度优化；不断满足全场景金融的客户需求，提供一揽子个性化金融服务，推动乡村

产业全链条升级,增强市场竞争力和可持续发展能力。

（二）打造数智乡村生活场景应用

目前,大多数金融机构的运行是按照不同业务条线开展的,并没有按照金融需求者的角色开展。而一些金融机构中已经存在场景化布局,如各大银行均设有私人银行部对优质高端客户提供综合一体化的金融服务,但这还不能视作完全的场景化,场景应用仍存在较大的拓展空间。基于业务模块的数智乡村金融服务在数字金融的影响下,会逐渐数字化改造,进而优化、缩短业务流程,提升业务模块的质量和服务效率,最终嵌入数智乡村的生活场景中。

随着数智技术发展和农村用户线上消费习惯的逐步推广,银行等机构若加码针对数智乡村的线上渠道的生态布局及战略投入,能够更好地通过科技赋能增加与数智乡村投资主体的合作黏性。目前各大银行局均在手机 App 中嵌入了生活场景,但基于消费习惯,农村消费者使用手机银行 App 不如第三方平台如微信、支付宝便利。因而将数智乡村用户的日常金融服务需求嵌入金融机构的手机 App 场景应用,可以更好地开拓农村数字金融生态建设的业务市场。

三、加强与数智乡村建设的技术融合

深入推动大数据和人工智能的融合,通过深入挖掘数据,充分发挥数据要素的价值,将数据转化为数字金融生态场景建设和智慧服务的能力。一是推动业务数据化。充分收集数智乡村建设后产生的新的客户交易、关系、行为等相关数据,整合行内外数据形成大数据基础,并利用数智乡村的数据平台优势,对海量的农村产业数据进行深度挖掘和智能分析,并将其应用在针对数智乡村科技企业的客户营销、客户维系、客户服务、风险控制等方面。二是推动业务智能化。基于数智乡村打造的大数据平台优势,利用人工智能和大数据,深入洞察相关客户的需求、特征、行为,根据农村产业建设需求特征打造金融产品,发挥金融服务的优势,使这类客户产生价值认同、情感认同,从而为客户提供更好的服务,同时提升金融服务能力,增强客户的黏性,形成差异化竞争优势。三是加强创新技术融合应用。通过紧密跟踪科技发展趋势,深度应用云计算、大数据、人工智能、生物识别、区块链、物联网的最新成果,同时结合数智业务场景进行研究。如智慧农业种植养殖监控、农产品数智营销、农村养老、休闲农业观光项目等,将先进技术更好地运用到数智乡村业务场景当中,促进业务模式、业务理念和金融产品的创新,实现科技和业务的融合式发展。

除了以上要素外,一个理想的产业数字金融生态应该由多个相互协同的要素构成，包括实体经济主体、数字技术、金融机构、政府和监管机构等。在这个生态系统中，不仅需要政策层面的有效引导，还需要市场中的各个主体发挥生态位优势，充分形成合力驱动作用。

第三节　数字金融的市场化驱动路径探索

数据是数字化时代的关键生产要素，金融业是数据积累最为深厚的行业之一，数字金融具有科技性、普惠性、政策性和靶向性等鲜明特征，能够扩大金融服务覆盖面，引导金融资源流向基础设施、中小微企业、“三农”等经济发展的重点领域和薄弱环节，在加速资金流通、支持数字经济发展和促进区域经济增长等方面作用显著。下文从产业数字金融和绿色金融的角度，探索市场化驱动金融业发展的路径。

一、产业数字金融推动

2022年年底召开的中央经济工作会议要求，推动“科技-产业-金融”良性循环。业内人士分析认为，在新发展格局下，产业结构转型升级，金融科技不断发展，传统供应链金融的模式发生转变，期待通过加强产、学、研、资的深度融合，让科技成果能够及时产业化，发挥金融对科技创新和产业振兴的支持作用，从而把科技创新、产业振兴和金融发展有机结合起来。从数智乡村的推动角度来看，产业数字金融、绿色金融在推动农业产业发展的过程中，能够通过打造产业数字金融优势，实现产业与金融的结合。

（一）数字金融创新推动农业产业发展

数字技术在产业金融中的有效运用，将为金融供给侧结构性改革提供新型赋能手段，加速实体企业的数字化转型和融资渠道的多元化创新。乡村数字产业的转型以“乡土资源”的数字化为主，将数字技术贯穿于农产品生产经营的各个环节，发展乡村文化、旅游等多种业态模式，开发农业产业新功能，与数字金融的转型要求方向一致。同时，金融机构也能通过创新服务模式，拓展业务范围和优化收入结构，进一步提高供给端的稳定性和长效性，提升自身可持续发展的能力。

提升服务实体经济能力，推进金融公平化、普惠化是金融服务的本质所在。随着中美大国博弈在更大范围、更深层次的逐步展开，叠加新冠疫情对全球经济的冲击,我国供应链稳定性受创,中小企业资金流动性风险加剧,市场主体面临严峻的生存考验。据统计,金融科技领域的资金七成以上已投向零售和中小企业业务,投入农业产业的资金数量不多。产业数字金融作为金融产品创新,核心客户只是媒介,其上下游链圈众多的中小企业和个人是产业数字金融的服务主体。为更好地推动农业产业现代化发展,可以将农业产业生态链与产业数字金融进行融合,帮助农业投资企业实现数字化、线上化转型,以农业产业链为服务对象,从而实现"一站式"综合化金融服务。

（二）拓展产业数字金融的服务功能

产业数字金融以现代产业供应链协作体系中的商流、物流、信息流、资金流为基础,通过对企业间广泛数据信息的深度挖掘,使金融机构能够基于整个产业链的信用和价值,为成长型中小企业提供有别于点状授信的融资渠道,具有信息发现、定价低廉和精准滴灌等功能。针对现代农业企业的数智化转型需求,开发农业产业链关联企业专有金融产品或授信服务,可以满足农业企业数智化转型的资金需求。

产业数字金融存在较强的网络外部性,一旦客户被其他平台或金融机构捕获,后期转换成本非常高。因此,金融机构需要加快与数智农业企业的融合和数据对接,推进开放银行生态建设,加快产业数字金融的农村市场布局。农业产业链涉及种植、加工、销售等多个环节,其数字化推进的资金需求量大,除了政府部门的主导,还需要众多主体的共同参与。相比互联网企业,商业银行经过多年经营,在产业服务经验、客户关系管理、人才队伍建设等方面打下了良好基础,加上融资成本低、风险管理能力强、社会信用高等优势,银行通过创新服务模式,率先在产业数字金融方面实现突破,并以产业端带动零售端重新打造竞争优势。

（三）提升供应链生态的数字化水平

银行需根据核心企业自身数字化的能力,分类施策,强化供应链生态的数字化基础。对于信息化水平较高、数据积累较好的供应链生态圈,应着力提升平台开放共享能力,通过开放建设,真正融入农业产业的供应链生态体系,快速实现"四个数字层次"在数智乡村的落地实施,为上下游客户提供全链式智能化的数字金融服务。对于信息化水平较低、线上化体系不够完备的供应链,银行可利用数字化领域的实践经验,根据农业企业经营发展需要和数字供应链金融发展需要,优化企业管理信息系统,提升整个供应链生态的数字化水平。在此基础上推进系统对接,逐步实现数据积累挖掘和信用创设,为客户提供一揽子科技和金融服务，增强客户黏性。

在数字生态建设中，金融机构可以利用物联网、传感器等技术采集供应链各环节的数据，进行分析和挖掘，了解相关农业产业供应链的运行情况，帮助产业链相关企业通过数据分析来识别供应链中的瓶颈和问题，制定更加有效的解决方案。供应链数字化还体现在数字孪生技术的应用，金融机构可以根据数字乡村试点的数据基础，建立数字孪生模型，模拟供应链的运行情况，进行仿真和优化，预测供应链中各个阶段的情况，进行金融产品的方案优化，通过可视化展示提升供应链生态的数字化水平。表 8-1 所列为供应链数字技术应用场景。

表 8-1　供应链数字技术应用场景

场景	技术手段	发挥成效
供应链企业信用评估	大数据技术采集，分析供应链上企业的财务数据、交易记录、关联关系、行业信息等，利用人工智能技术建立风险预测模型	依据交易信用准确评估供应链风险状况；自动识别和学习风险特征，预测供应链企业的信用风险
数字化存货控制	运用大数据、物联网等数字技术对库存管理环节进行优化	实现订货、收货、储存、拣货、发货全流程数字化管理，识别仓储情况趋势、优化库存管理、改进供应链计划，提升效率、降低管理成本，盘活仓库资源
生物资产监控	利用传感器、图像识别、卫星遥感，实时监测生物资产的生长状态、健康状况、环境因素等	准确评估企业资产状况与风险情况，提高资产数字化管理水平。例如在农业场景中，可以利用电子围栏、物联网设备、电子标签实现对动植物养殖繁育、长势监控、资产盘点的数字化管理
智慧物流管理	利用云计算、物联网、5G 等技术提升云端算力，集中管理供应链数据、协调合作伙伴和优化供应链流程	通过可视化的物流管理系统，提高全链条的资源运转效率；应用 AI 和机器学习算法来优化物流规划，实现更高效的路线选择、货物分配和交通调度

二、绿色金融驱动

近年来，我国高度重视数字化与绿色化协同发展，“数字中国”上升为国家战略。《"十四五"数字经济发展规划》提出，持续推进绿色数字中心建设，加快推进数据中心节能改造，持续提升数据中心可再生能源利用水平。数字经济发展助推了我国经济的绿色发展，具有显著的环境改善效应。绿色金融政策可以引导资本要素流向节能环保产业，通过激励清洁产业发展、限制高污染企业发展，推动地区产业转型升级，促进经济绿色低碳转型。

（一）数字绿色金融发展的国际经验

一是推进环境数据服务发展。高效集成、利用ESG（环境、社会、治理）数据，是数字金融赋能绿色金融发展的重要环节。新加坡金融管理局建设了四大国家绿色金融数据公共事业平台，汇集了国家多部门的行政数据、产业部门的可持续发展数据及金融机构的投融资项目数据，对全国金融机构、金融科技公司及监管部门开放，满足金融部门对绿色金融可持续发展的数据需求。英国数据公司Refinitiv开发的基于人工智能的实时ESG数据服务，可支持在多个应用程序中使用，投资者利用这些ESG数据可获得超额收益及进行风险管理。瑞士数据科学公司RepRisk开发的ESG智能评级系统，实现对每日更新数据的实时处理，更准确、有效地识别ESG风险，为金融机构提供ESG智能评级服务。

二是数字金融赋能传统绿色金融产品。数字金融可赋能商业银行服务。意大利银行启用绿色贷款云服务，通过Temenos Banking Cloud（一家提供云服务的科技公司，致力于帮助银行打造数字化产品）技术支持，以Doconomy、Azure云应用程序等手段，帮助银行高效获得多维度客户数据，快速赋能传统银行业务。数字银行平台Good Money开发的股权产品使客户在使用银行卡时，可换取等价于购物金额至少1%的具有社会价值的上市公司股票，间接支持热带雨林保护。数字金融可赋能绿色债券业务。国际清算银行创新中心与香港金融管理局联合推出绿色债券代币化项目，通过区块链、智能合约、物联网等技术进行绿色债券发行，提高透明度，消除项目"洗绿"风险，并减少重复操作、实现即时交易。西班牙对外银行创新性地推出了第一个基于区块链的绿色债券平台，确保债券谈判、发行等流程标准化，实现债券交易全记录，有助于降低成本，提高透明度和业务效率。

三是推出气候风险管理工具。瑞士环境金融科技公司Carbon Delta AG开发了一种自动化、具有前瞻性的气候风险指标——气候风险价值，可计算气候变化对公司市值的潜在影响，提升环境数据对投资组合经理的应用价值。美国气候风险分析公司Jupiter Intelligence推出气候风险分析工具，通过使用卫星数据、人工智能、机器学习和物联网技术，监测气候变化给投资带来的物理风险。瑞士绿色金融科技公司 Celsius Pro 开发天气指数产品，搭建了可访问 30 多个不同区域的环境和天气数据集，包括 20 多个气象和环境参数的数据平台，为与天气情况挂钩的保险组合提供天气敏感性分析和再保险解决方案。

我国数字绿色金融涉及环保、科技、金融等多个领域，"数据孤岛"现象在相当程度上存在。建议借鉴新加坡金融管理局经验，构建高层级的绿色金融数据平台：一种选择是构建覆盖范围更广、数据质量更高的信息平台，打通不同部门的数据壁垒，充分发挥数字技术在解决信息不对称方面的优势；另一种选择是构建更高层级的绿色分布式数据库，统一数据接口和规则，打通不同部门的数据壁垒，充分支持利用区块链和隐私计算等技术实现数据融合，促进数据的互联互通和安全流转。

（二）绿色金融技术创新推动

在绿色金融创新监管领域，创新绿色金融信息管理系统，建立具有数据高频采集、贷款业务可核查、数据可监测分析、业绩系统化考评等功能的数据可溯源、可比较、可计量的绿色信贷管理和信息查询平台。该平台有力促进了绿色金融基础设施功能的延伸，初步实现了推动绿色金融规范发展的目标。通过设置数智化功能模块，绿色金融大数据系统涵盖可视化展示、绿金统计监测、绿金评价、绿金融资、绿色专业服务、绿金信息共享、绿金支持工具箱、跨区域创新平台、国际合作和电子政务等领域，具备数据颗粒采集管理、深度加工分析、绿色专业服务、自动融资信息对接及货币政策工具运用管理等功能，增强了绿色项目对接的便利性和信息共享的顺畅度。

在绿色金融技术资金支持领域，最大限度提供对政府相关工作的资金支持，协调好金融机构与政府间的关系，运用各种经济政策引导金融机构合理配置资产，让政府的外部激励机制发挥积极作用；鼓励企业进行技术研发与产品创新，构建多样化绿色金融交易平台，对绿色技术创新性强的企业给予更多资金支持，形成良性的内部动力机制。

从技术创新方法角度，用好替代性数据，探索创新性技术，提升绿色金融产品质量与可持续性。继续加强替代性数据使用的基础理论研究，鼓励金融机构合理挖掘和应用替代性数据，提升绿色金融的个性化服务能力。平衡好个人信息的保护与应用，鼓励金融机构探索利用分布式储存技术等方式，对个人信息进行加密处理。运用区块链、大数据等技术，跟踪保障绿色资产及交易的真实性，提升绿色金融产品的质效和可持续性。

（三）产业导向推动绿色金融发展

发挥绿色产业政策导向作用，鼓励绿色经济发展。例如，联合金融机构运用金融手段和政策优惠等方式促进绿色产业的经济体提高竞争实力，对企业投资绿色环保项目时在贷款数量、贷款利息、还贷条件等方面给予一定的优惠。全面了解绿色经济企业，尤其是农村绿色经济产业发展的真实需求，按需提供有效服务，不断提高金融的有效性、精准性，让绿色金融真正惠及绿色领域。

从金融机构的信贷角度来看，把绿色信贷纳入宏观审慎评估框架，有利于金融机构将产业需求融入信贷管理。例如，将绿色信贷实施情况的关键指标评价结果、银行绿色评价结果作为重要参考，纳入相关指标体系，形成支持绿色信贷等绿色业务的激励机制和抑制高污染、高能耗和产能过剩行业贷款的约束机制。支持和引导银行等金融机构建立符合绿色企业和项目特点的信贷管理制度，优化授信审批流程，在以金融科技提升风控级别的前提下，对绿色企业和项目加大支持力度，降低绿色信贷成本，鼓励和支持保险机构创新绿色保险产品和服务。此外，还应激励、引导各类机构投资者投资绿色金融产品，鼓励养老基金、保险资金等长期资金开展绿色投资。在环境高风险领域建立环境污染强制责任保险制度，对企业开展“环保体检”，并将发现的环境风险隐患通报环境保护部门，为加强环境风险监督提供支持。

第四节　数智化应用风险防范

以人工智能、大数据、云计算、隐私计算等为代表的数字技术加速集成应用，科技与金融的融合创新持续推动金融业经营理念及服务模式的重塑与转型，新型金融服务模式层出不穷，金融科技创新赋能效应日益显现。相较于数字应用数据相对静止的特性，数智时代的数据流动是即时性的，并在全生命周期的流转中持续创造价值。据 IDC 预测，2027 年全球新产生的数据量将达到 291 ZB，相当于人均产生 35.3 TB 的数据。海量的数据和数量众多的数智系统为安全监测带来了新的挑战，在应用数字金融推动数智乡村建设的过程中，对数智化应用的风险防范应落实在过程建设中。

一、推动数据安全相关技术标准的建立和健全

数智社会越发展，数据流动越复杂。例如，API 接口正在成为数据流动

的主要通道，随之带来的是API接口数量的急剧增长。然而，海量的API会带来漏洞、弱口令、未授权访问等安全隐患，被攻击者当成窃取数据的主要突破口。应在执行《中华人民共和国数据安全法》的基础上，进一步建立健全数据安全协同治理体系，提高数据安全保障能力，促进数据出境安全和自由流动，促进数据开发利用，保护个人、组织的合法权益，维护国家主权、安全和发展利益，让数据安全有法可依、有章可循，为数字化经济的安全健康发展提供有力支撑。

在大数据时代背景下，政务、社会、城市、乡村数字化转型快速发展，应建立数据安全管理制度，明确数据责任主体，从统一化及可落地性出发，结合现有数据业务建设需求和建设情况，遵从整体策略方针，全面优化管理体制，为我国数字化转型的健康发展提供法治保障，为构建数智乡村提供法律依据。在政务数据开发方面，地方政府应当将数字经济、数字乡村甚至是数智乡村试点纳入本级国民经济和社会发展规划，加强数据开放共享的安全保障措施，建立统一规范、互联互通、安全可控的机制，利用数据安全运营，提升数据服务对经济社会稳定发展的效果。

数据安全已经成为事关国家安全与经济社会发展的重大问题。应加快建设包含预防、发现、消除泄密隐患为主的数据安全体系，对于信息基础设施运营商等涉及国家关键数据和包含数据跨境流动业务的企业加强监管和安全审查，切实维护国家数据安全与社会公共利益。此外，保障公共数据在开发利用过程中的安全同样重要。要确保以政务数据为代表的公共数据能够在落实数据安全保护责任的前提下，实现安全、高效地开发利用，让数据更好地成为驱动数字经济发展的新动能。

在关键技术标准的管理层面，关键技术标准应从数据采集、传输、存储、处理、交换、销毁等全生命周期维度，对数据安全关键技术进行规范。安全管理标准包括数据安全规范、数据安全评估、监测预警与处置、应急响应与灾难备份、安全能力认证等。政府相关部门还应当结合相关领域的实际情况和具体要求，指导行业有效开展重点领域数据安全保护工作，为数智化背景下海量的数据应用实施规范化管理而建立标准和规范。

二、推动数据安全的技术与产业快速发展

大数据、人工智能等技术的变革与发展一直是产业数字化转型的原动力，更是供应链金融提质增效的“密钥”。随着以生成式人工智能（AIGC）为代表的新一轮技术变革浪潮的到来，大模型应用热度持续攀升，产业效率和产业边

界有望得到进一步提升与拓展，前沿技术正在走出实验室和科技公司，真正推动产业链、供应链生产经营效率的提升，在产业场景中发挥更大价值。数据安全企业可以借数据安全与产业融合的机遇，积极拓展产业合作渠道，与数据处理者强化交流合作，推动产业和数据安全技术供需的精准对接。在行业细分领域深度分析工业、电信、交通、金融、卫生健康、知识产权等领域数据处理者的合规与保护需求，发展面向重点行业领域特色需求的精细化、专业型数据安全产品，积极开发适用性产品或解决方案。

数据智能技术提升是提升产业智能化水平和数据安全水平的重要方式。数据智能能效的发挥需要数据与产业的切实融合，发展新业态、新模式，最终形成数字产业链和产业集群。依据数智化的场景应用需求，将数据智能技术转化为丰富的数据智能产品、服务与解决方案，真正实现数据要素的价值化。

在技术应用领域，将人工智能技术融入防火墙、入侵防御、沙箱、大数据分析、态势感知、EDR、数据防泄漏、智能内网威胁分析等领域，开发创新的产业融合产品，为智能时代的产业推动提供技术基础。基于大模型技术，在恶意样本检测与分析、攻击行为发现与溯源、安全情报推理与生成、自动化漏洞挖掘与评估、智能化安全服务与运营等方向开发相应的产品。通过构建“数据积累-数据治理-数据应用”的服务生态闭环，将数据治理能力产品化为数据智能操作系统，为不同垂直行业客户提供更加专业精细的数字化解决方案。

三、数字安全人才培养

网络空间已经成为继陆、海、空、天之外的“第五大主权领域空间”，维护网络空间安全已经成为维护国家安全新的战略制高点。伴随着 2021 年《中华人民共和国数据安全法》和《中华人民共和国个人信息保护法》等法律法规的出台，不少单位在市面上高薪寻求 CCRC-CSO(数据安全官)等资深安全人才，数据安全官已经逐步成为安全行业极度稀缺的人才。数据安全官是人才队伍中不可或缺的中坚力量，同时作为政企单位数字化转型的护航者，不仅承担着利用新兴技术推动企业转型升级的任务，还肩负着数字安全的精准监管、安全策略设计、管理体系的落地、技术体系支撑等责任，驻守着政企单位的数字安全防线。

随着人工智能、物联网应用的深入，若要保障人工智能安全、物联网安全、5G 安全，现有的线性分析模型并不适用。在网络安全人才培养的领域，应重视算法、模型等领域人才的培养，构建新型密码分析统计模型，建立对称密码算法自动化，提高算法评估的效率；建立抗量子计算公钥密码，以满足各类不同场景的需要；提升隐私计算密码技术，保证数据隐私，实现核心技术自主可控。

在人才培养方面，应加强政策支持并创新数字安全人才的培养机制，建设数字安全人才队伍，培养创新人才；培养理论、实践、能力评定“三位一体”的网络空间安全高端人才，加强密码人才培养，加强具有实战能力的数字安全空间人才培养。与传统教育不同，数字安全，尤其是网络安全更加关注实战的对抗，如加解密处理、系统漏洞分析、网络攻防等实战的练习，因而不能局限于依靠高等教育的专业培养。数字安全的高层次人才培养要从青少年抓起，为具有天赋和兴趣的人才提供训练环境和资助，从青少年网络安全知识竞赛等活动中选拔适合的人才，并在高等教育阶段为这部分人才提供顶尖院校的自主招生名额。唯有重视针对青少年人才的平台建设，数字安全人才培养才能赢在未来。

四、构建数字金融风险预防机制

从法律层面看，数字金融法律风险防范离不开各类参与主体的协同配合，无论从国家层面还是市场层面，都需要做好法律风险研判和规避。首先，构建地方保障数字金融安全联席会议机制，明确数字金融行业各类监管部门、企业的权利与义务，制定相应的工作制度和规范，确保各个主体各司其职。其次，发挥金融安全信息服务部门的功能，进一步强化与地方司法机关、金融监管部门、市场监管部门的联系，构建数字金融信息共享平台，对数字金融中的违法违规行为及时进行通报，及时做好信息通报，加快构建数字金融行业内法律风险防控与化解机制，提升数字金融各部门工作效率，有效对数字金融行业出现的风险及时管控。最后，司法、执法部门要强化打击力度，通过摸排、接受举报等形式，严厉打击数字金融市场的违法犯罪行为，严格清查各类违法案件，另外还可以将违法案件进行整理汇编，通过案例的形式让广大群众、各金融机构进行学习，提升自身法律风险防范能力，避免由于法律观念淡薄而出现违法犯罪行为。

从技术层面看，对银行等金融机构来说，如何在转型创新的过程中保障业务质量、防范风险、平稳有效运行，对银行等金融机构尤为重要。要加快建设与数字化转型相匹配的风险控制体系，防范模型与算法风险。人工智能、大数据、区块链等数字技术不断推动信贷业务中的数字化与智能化场景落地，如智能风控、精准营销、数字运营等，因而制定科学专业的长效预警机制对于监控结果的反馈至关重要。金融机构可以根据自身实际需求，借助外部金融科技公司的专业资源，与自身业务经验相结合，实现优势互补，快速构建自主可控的监控系统。

参考文献

[1] DAPP T F. Fintech reloaded:traditional banks as digital ecosystems[R]. Frankfurt am Main:Deutsche Bank Research,2015.

[2] CUESTA C,RUESTA M,TUESTA D,URBIOLA P.The digital transformation of the banking industry[R/OL].(2015-07-16)[2022-08-01]. https://www.bbvaresearch.com/wp-content/uploads/2015/08/EN_Observatorio_Banca_Digital_vf3.pdf.

[3] MOWRY M J.Banking's digital arms race[J].Business NH magazine, 2015(1):18-58.

[4] 邵珂.农村金融对农村产业发展水平的影响研究[D].青岛:青岛大学,2020.

[5] DHOLAKIA B H, DHOLAKIA R H. Modernization of agriculture and economic development: the Indian experience [J]. Farm and business: the journal of the Caribbean agro-economic society,1992,1(1):19-36.

[6] GUIRKINGER C,BOUCHER S R.Credit constraints and productivity in Peruvian agriculture[J].Agricultural Economics,2008,39(3):295-308.

[7] 任常青.产业兴旺的基础、制约与制度性供给研究[J].学术界,2018(7):15-27.

[8] 李国胜.论乡村振兴中产业兴旺的战略支撑[J].中州学刊,2020(3):47-52.

[9] 孙继国,孙茂林.金融服务乡村振兴的系统动力学仿真研究[J].经济与管理评论,2020,36(2):104-112.

[10] 谢琳.乡村振兴战略下农村普惠金融对农村经济的功能性分析[J].湖北社会科学,2020(8):84-89.

[11] 邹新阳,温涛.普惠金融、社会绩效与乡村振兴:基于30省(区、市)的面板数据[J].改革,2021(4):95-106.

[12] 熊正德，顾晓青，魏唯.普惠金融发展对中国乡村振兴的影响研究：基于C-D生产函数的实证分析[J].湖南社会科学，2021(1)：63-71.

[13] 郭小卉，冯艳博.数字普惠金融发展的相对贫困减缓效应：基于京津冀县域空间面板数据[J].武汉金融，2021(2)：70-80，88.

[14] 王瑶佩，郭峰.区域数字金融发展与农户数字金融参与：渠道机制与异质性[J].金融经济学研究，2019，34(2)：84-95.

[15] 何宏庆.数字金融助推乡村产业融合发展：优势、困境与进路[J].西北农林科技大学学报(社会科学版)，2020，20(3)：118-125.

[16] 付琼，郭嘉禹.金融科技助力农村普惠金融发展的内在机理与现实困境[J].管理学刊，2021，34(3)：54-67.

[17] GOMBER P，KOCH J A，SIERING M. Digital Finance and FinTech：current research and future research directions[J].Journal of business economics，2017，87(5)：537-580.

[18] 谢地，苏博.数字普惠金融助力乡村振兴发展：理论分析与实证检验[J].山东社会科学，2021(4)：121-127.

[19] 李季刚，马俊.数字普惠金融发展与乡村振兴关系的实证[J].统计与决策，2021，37(10)：138-141.

[20] 葛和平，钱宇.数字普惠金融服务乡村振兴的影响机理及实证检验[J].现代经济探讨，2021(5)：118-126.

[21] 曾小艳，祁华清.数字金融发展对农业产出的影响机理及结构效应[J].贵州社会科学，2020，371(11)：162-168.

[22] 孙倩，徐璋勇.数字普惠金融、县域禀赋与产业结构升级[J].统计与决策，2021，37(18)：140-144.

[23] JOHNSON T G. Entrepreneurship and development finance：Keys to rural revitalization[J]. American journal of agricultural economics，1989，71(5)：1324-1326.

[24] OZILI P K. Bank non-performing loans in the fintech era[J]. International journal of financial innovation in banking，2022，3(2)：95-112.

[25] PIERRI N，TIMMER Y. The importance of technology in banking during a crisis[J].Journal of monetary economics，2022，128：88-104.

[26] HAU H，HUANG Y，SHAN H Z，et al. How FinTech enters China's credit market[J].AEA papers and proceedings，2019，109：60-64.

[27] BUCHAK G，MATVOS G，PISKORSKI T，et al.Fintech，regulatory ar-

bitrage, and the rise of shadow banks [J]. Journal of financial economics,2018,130(3):453-483.

[28] ROMANOVA I,KUDINSKA M.Banking and fintech:a challenge or opportunity? [J].Contemporary studies in economic and financial analysis,2016,98:21-35.

[29] CORTINA J J,SCHMUKLER S L.The fintech revolution:a threat to global banking? [J]. World bank research and policy briefs, 2018 (1):125038.

[30] NAVARETTI G B,CALZOLARI G,POZZOLO A F.Getting rid of NPLs in Europe[J].Non-performing loans,2017(1):9-24.

[31] WEWEGE L,LEE J,THOMSETT M C.Disruptions and digital banking trends[J].Journal of applied finance and banking,2020,10(6):15-56.

[32] 王宏利."5G+金融"的数字化转型挑战[J].产业创新研究,2020(3):5-7.

[33] 贾璐.金融科技"监管沙盒"国际经验借鉴[J].金融科技时代,2022,30(8):95-99.

[34] 吕承超,何加豪.中国金融科技发展的区域差异、分布动态及收敛特征[J].财经问题研究,2023(4):43-57.

[35] 冯霞.金融科技在普惠金融的应用及存在问题[J].金融科技时代,2022,30(3):76-80.

[36] 陈增敬,严晓东,冯新伟.金融科技中人工智能技术典型事实与核心规律[J].中国科学基金,2021,35(3):387-393.

[37] 卜银伟,李成林,王卓.金融科技助力乡村振兴的模式研究[J].西南金融,2022(4):71-82.

[38] 吴金旺,顾洲一.数字普惠金融:中国的创新与实践[M].北京:中国金融出版社,2021.

[39] CORRADO G,CORRADO L.Inclusive finance for inclusive growth and development[J].Current opinion in environmental sustainability,2017,24:19-23.

[40] 谭毅,袁缘.农业保险缩小城乡收入差距的作用分析:基于动态面板模型的 GMM 估计[J].吉林金融研究,2013(11):26-34.

[41] LUO Y,PENG Y C,ZENG L Y.Digital financial capability and entrepreneurial performance[J].International review of economics and finance,2021,76:55-74.

[42] 国家统计局.数字经济及其核心产业统计分类:2021[EB/OL].(2021-06-03)[2023-07-08]. https://www. stats. gov. cn/sj/tjbz/gjtjbz/202302/t20230213_1902784.html.

[43] 中华人民共和国农业农村部市场与信息化司,中华人民共和国农业农村部信息中心.2021 全国县域农业农村信息化发展水平评价报告[R/OL].(2021-12-20)[2023-07-08]. http://www. moa. gov. cn/xw/zwdt/202112/t20211220_6385157.htm.